El toreo:
una visión inédita

Sección: Libros didácticos

Juan Antonio Pérez Mateos:

El toreo: una visión inédita

El Libro de Bolsillo
Alianza Editorial
Madrid

Calle Juan Ignacio Luca de Tena, 15: 28027 Madrid; teléf. 393 88 88
ISBN: 84-206-0731-2
Depósito legal: M. 14.703-1995
Fotocomposición: EFCA, S. A.
Parque Industrial «Las Monjas»
Torrejón de Ardoz. 28850 - Madrid
Impreso en Fernández Ciudad, S. L.
Catalina Suárez, 19. 28007 Madrid
Printed in Spain

A Estrella, Juan Antonio, Billy y Chito, que descubrieron un mundo de magia en una plaza de toros.

Prólogo

El ensayo es un género literario en el que, generalmente, cabe todo; y a él me he acogido para, mediante estas páginas, adentrarme en el fascinante mundo de los toros, acercarme al abigarrado colorido de la plaza, meterme, en suma, en la compleja idiosincrasia del torero y cuanto lo rodea; bucear en sus ritos, ricos y sugerentes, en la simbología que envuelve una fiesta tan riquísima como misteriosa. Todo cuanto se esconde, en fin, tras esa inmensa moneda de las plazas —todo un mundo de magia y fascinación—; el lenguaje de los números, la significación del sol, la del color de los trajes de luces, la relación entre el torero y el toro; la mujer y el diestro...

Tal vez un ambicioso propósito el mío: el de escrutar la ancestral cultura de los toros y la relación que determinados pasajes de la misma tienen con otras culturas. Aquí hay, por tanto, filosofía, antropología y unas teorías con las que se podrá discrepar, pero que buscan el más allá de las verónicas, los naturales y la manera de matar. Ese algo más que se esconde misteriosamente tras la corrida, escrito a caballo entre la amenidad que depara el periodismo y la profundidad del ensayo.

Un tema como éste no se había tratado, globalmente, desde un prisma tan diferente y, si se me apura, tan original. La respuesta a este trabajo la dará, como siempre, el lector, al que le pido, desde este balconcillo, comprensión para unas páginas en sí espinosas y arduas, más propias del pensador que del barroquismo del periodista. Y yo soy, esencialmente, periodista, en este caso, asaz atrevido, pero, al fin y al cabo, apuntando a esa cara misteriosa del redondel, al alma compleja del torero, a la hora lorquiana de la función.

Yo que ejercí, durante un tiempo, la crítica taurina junto a Cañabate y Zabala, en la vecindad tipográfica de *Abc*, tenía esta apuesta conmigo mismo, un mano a mano que trataba de ir más lejos de lo estrictamente puntual de la corrida, de la mecánica de los pases y las suertes. Era cuestión de auscultar el inmenso cráter de los olés y las verónicas y descubrir el pálpito de un mundo mágico y lúdico.

Me alegro de haber escrito estas páginas, de una parte, por lo que supone, aunque sólo sea simplemente, de abordar un tema —mitos, ritos y símbolos— tan desconocido y difícil como atractivo y, de otra, orillar las tentaciones noventayochecistas, las que achacaban los males de la patria a la fiesta de los toros, y que me llevó, durante un tiempo, a alejarme de ese mundo. Tras ese paréntesis, he vuelto a la orgía del espectador que se acomoda en un tendido, a sentir la emoción, si la hay, en una faena

He disfrutado con la escritura de estas páginas, que resultaban cada vez más fascinantes, a medida que me iba adentrando en el mundo de la corrida y descubría nuevas significaciones y matices. Sólo con eso me siento gratificado y si, para colmo, consigo trasladar el mismo sentimiento y gozo al lector, mi satisfacción no tendrá límites.

Bibliografía

No quisiera abrumar al lector con una extensa lista de libros, algunos tan útiles para la escritura de esta obra y a cuyos autores se les cita oportunamente. Decirle, simplemente, que este trabajo es fruto de muchas lecturas a lo largo de los años, revistas taurinas como *El Ruedo* o, la desgraciadamente desaparecida, *Taurología*. Podría citar también las obras de la colección de toros que edita Espasa Calpe, casi todas interesantes, de cita obligada, lo mismo que algunos títulos de la editorial Taurus, relacionados con imágenes y símbolos, sobre la religión y los ritos de paso. Y, especialmente, la consulta de diccionarios como el de Cirlot y el que han elaborado, extraordinariamente bien, Jean Chevalier y Alain Gheerbrant y que edita la editorial Herder.

Capítulo I
El torero: mito y héroe

* «Antoñete»: «Veo a los toreros como a dioses» * Belmonte: «Yo era una creación mítica de mis paisanos» * Andrés Vázquez: «El torero, un hombre de otra galaxia» * Simón Casas: «El diestro, un iluminado adolescente» * Tierno Galván: «Símbolo de la hombría heroica»

A pesar de los muchos años transcurridos, nunca olvidará Antonio Chenel para el Registro Civil, «Antoñete» para el mundo del toro, que aquel domingo en que, por primera vez, acompañaba a su padre a los toros —un empleado de la Casa de la Moneda y monosabio por afición en la plaza de Las Ventas— iba a significar muchísimo, si no todo en su vida. Tenía «Antoñete» ocho años y recuerda perfectamente, como si fuese hoy mismo, aquella primera novillada. «No me acuerdo quién toreaba pero lo que sí recuerdo es que ese día descubrí un mundo distinto y empecé a ver a los toreros como a dioses y me dije: ¡Esto es lo que yo quiero ser! Y hoy día, aunque yo sea un torero retirado, sigo viendo a los toreros como a dioses.»

Cuando se advierte la reflexión de «Antoñete» hay que convenir con Sartre que «el hombre elige libremente su proyecto y es ese proyecto. De este modo el hombre sólo podrá ser comprendido en relación con su proyecto de ser [la elección original]. El hombre es su elección [...]

ser hombre es tender a ser Dios [...] fundamentalmente el hombre es deseo de ser Dios». Y en todo creador —y el torero lo es—, según Cortázar, «hay un pequeño Dios», un Dios que crea y recrea un mundo.

Ese niño de pantalón corto empezaba a crear también en torno a su sensibilidad una mitología, y un mundo que nacía y se desarrollaba en el ruedo, en el juego o en la lucha de un hombre con un toro. En esa visión del torero, el mito yacía en el subconsciente del «Antoñete». «El mito —como dice Aristóteles—, al desencadenar un estupor que nos arrebata de lo cotidiano, se sitúa siempre más allá de las fronteras de la valoración y de las capacidades del análisis; fuera del tiempo, por tanto, colindantes con la muerte.»

Sin edad para reflexionar, «Antoñete» no se podía explicar que, dentro de él como de tantos otros muchos niños y mayores, surgiera el mito, «la ingenuidad de lo primitivo —según Hermann Broch—, el lenguaje de las primeras palabras, de los símbolos originales que cada época debe descubrir de nuevo por sí misma, [el mito] es la concepción irracional del mundo, la versión original del primer instante, el mundo entero convirtiéndose en imagen invisible».

A través de una mirada cándida y asombrada, el niño que un día será como reza la letra de su pasodoble «un gran torero»; ese niño comienza a crear, en la sucesión de verónicas y naturales, el fenómeno del mito que, según Edmund Leach, «sólo puede entenderse en su contexto cultural». Es el abecedario que, de niño, aprende «Antoñete» en la escuela de tauromaquia de Las Ventas, donde transcurre su vida, donde respira la atmósfera del mundo de los toros.

No, no sólo es ese niño —un día figura del toreo— quien vea la figura de un diestro como un mito, como un héroe: será también la multitud abigarrada de la plaza quien, con el flamear de pañuelos o la manifestación de la bronca, contribuya a elaborar el mito de los toreros en el cráter de los olés y las verónicas. Ese público que ha hecho el mito, que lo ha elaborado con sus propias debilidades y con el entusiasmo, ignora, sin embargo, su significado: «aquel que cuenta un mito —señala Octavio Paz en un comentario a Levi Strauss— no sabe lo que dice, repite un fragmento de un discurso, recita una estrofa de un poema cuyo principio, fin y tema desconoce». El mito prende en el hombre corriente, el que acude a la plaza. El mismo Rank precisa que «no es el héroe, sino el hombre medio quien hace el mito, deseándose justificarse a sí mismo por mediación de ése. La gente se imagina al héroe de esta manera, invistiéndolo con sus propias fantasías infantiles, sin prestar la menor atención a su compatibilidad o incompatibilidad con los verdaderos hechos históricos».

Y esto acontece en el mítico «planeta de los toros» —término que acuñara el crítico Díaz-Cañabate—; un mundo insólito, mágico, original, arraigado en el pasado y en el presente de la sociedad española. Una sociedad donde surge la corrida, «hontanar de felicidad —según Ortega y Gasset— para el mayor número de españoles».

Una sociedad que reúne al público alrededor de un personaje, lo encumbra, lo enaltece, lo glorifica, crea, en fin, el mito. Ortega dice «que todos los mitos son peligrosos», acaso por la dependencia que el hombre tenga del mismo.

La situación mítica

Habría, pues, que distinguir ante esta mitología lo que Roger Caillois define como «la mitología de las situaciones» y «la mitología de los héroes». «Las situaciones míticas —dice en *El hombre y el mito*— se pueden interpretar entonces como proyección de conflictos psicológicos (la mayoría de las veces incluyendo entre éstos a los complejos del psicoanálisis), y el héroe como la proyección del propio individuo: como «imagen ideal de compensación que tiñe de grandeza su alma humillada». En efecto, el individuo parece presa de conflictos psicológicos que, naturalmente, varían (más o menos, según su naturaleza respectiva) con la civilización y el tipo de sociedad a la cual pertenece. De esos conflictos —añade—, la mayoría de las veces él es insconsciente, dado que en general son producto de la propia estructura social y resultado de la presión que ésta hace pesar sobre sus deseos elementales. Por la misma razón, y más gravemente, el individuo está en la imposibilidad de salir de esos conflictos, pues sólo podría hacerlo mediante algún acto condenado por la sociedad y, por consiguiente, por sí mismo, pues su conciencia está fuertemente marcada y, en cierto modo, es garante de las prohibiciones sociales. «El resultado es que está paralizado ante el acto tabú y que habrá de confiar su ejecución al héroe.»

Ha llegado entonces el momento de dar pleno sentido a la noción de héroe, que en el fondo está implícita en la existencia misma de las situaciones míticas. «Por definición, el héroe es aquel que encuentra a éstas una solución, una salida feliz o desdichada.»

Juan Belmonte lo cuenta muy sencillamente cuando soñaba con ser torero: «No teníamos más que una superstición, un verdadero mito que amorosamente habíamos elaborado: el de Antonio Montes. Lo único respetable para nosotros en la torería era aquella manera de torear que tenía Antonio Montes, de la que nos creíamos depositarios a través de unas vagas referencias.»

Y es que el individuo sufre ante todo por no salir jamás del conflicto que lo atenaza. Toda solución, incluso violenta, incluso peligrosa, le parece deseable, pero las prohibiciones sociales se la hacen imposible psicológica, aún más que materialmente. Delega entonces al héroe su lugar y, por naturaleza, éste es entonces quien viola las prohibiciones. Como ser humano sería culpable, y como ser mítico no deja de serlo, permanece manchado por su acto, y la purificación, de ser necesaria, nunca es completa. «Pero, a la luz especial del mito, la grandeza aparece justificada sin condición.» El héroe es, por lo tanto, quien resuelve el conflicto en que se debate el individuo. De allí su derecho superior, no tanto al crimen, como «a la culpabilidad», siendo la función de esa culpabilidad la de halagar al individuo que la desea sin poderla asumir.

Pero el individuo no puede contentarse con un halago y le es preciso el acto, es decir que no podría limitarse a una identificación real, la satisfacción de hecho. Así, la mayoría de las veces, el mito aparece acompañado por un rito, pues si la violación de la prohibición es necesaria, sólo es posible en un ambiente mítico, en el cual el rito introduce al individuo.

Captamos aquí la esencia misma de la fiesta: «es un exceso permitido —también para Freud— mediante el cual el individuo se encuentra dramatizado, constituyéndose así en héroe»; el rito realiza al mito y le permite vivir. Y en su entorno, querámoslo o no, se crea, surge un mundo de símbolos, porque, como señala Nietzsche: «las cosas vienen a nosotros deseosas de transformarse en símbolos».

El mundo de los toros, el planeta mágico del ruedo, lo que de una manera exagerada afirmaba «El Papa Negro», Manuel Mejías Bienvenida, fundador de una dinastía taurina, que «todo en el mundo gira alrededor de los toros». Pues tras el gran misterio del toreo, subyace un rico y sugerente anagrama de símbolos.

Belmonte: «Creación mítica de mis paisanos»

Juan Belmonte, tras sus primeros y espectaculares triunfos, decía que él era una creación mítica de sus paisanos. «Yo era lo que ellos querían: bueno o malo, valiente o cobarde, feo o guapo, simpático o antipático, según querían la imaginación y el fervor de aquellos millares de seres que hacían de mí el objeto de sus discusiones y apasionamientos, de su capacidad para elaborar leyendas [....]. Entonces yo era no sólo yo, sino también algo de cada sevillano. Se hizo de mí una figura patética en la que cada cual veía el atributo de su propio patetismo. Los buenos padres de familia celebraban en mí que yo hubiese conseguido rehacer la mía; los que esperaban triunfar en la vida se miraban en mí como en el espejo de sus futuros triunfos; los desvalidos pensaban que el suyo había sido mi desvalimiento; los que peleaban en malas condiciones, mal pertrechados para la lucha, recordaban que más inerme estaba yo y había triunfado; los que se sentían feos, desgarbados y tristes se consolaban al pensar que feo, desgarbado y triste era yo. Cada cual veía en mi triunfo milagroso la posibilidad del suyo. Me veían tan débil, tan poca cosa y tan distinto de como suelen ser los héroes triunfantes, que todos se sentían triunfar en mí, a despecho de sus debilidades. Había luego en favor mío —concluye Belmonte— la conmiseración que se tiene por el hombre que va a perecer.»

En su admiración por el gran maestro trianero, Valle-Inclán define al revolucionario torero como «pequeño, feo, desgarbado, y si me apura mucho, ridículo. Pues bien, coloquemos a Juan ante el toro, ante la muerte y Juan se convierte en la misma estatua de Apolo». Es la misma encarnación que Adler hace psicológicamente del individuo: «Yo soy pequeño y débil; yo quiero ser grande, fuerte y poderoso, un héroe». Lo mismo que Juan Belmonte.

Los duros avatares del mito

Antes de ser proclamado como mito, el torero sufre los avatares de un duro camino por una España de hambre y miseria hasta emprender la senda triunfal del héroe —la situación mítica del torero como maletilla lo es en tanto en cuanto que es torero y su imagen, en ocasiones, resulta despreciada. Ocurría en esa España, pobre y rural, de talanqueras y posadas, de maletillas y cómicos de la legua. Es durante esa época— y también, en grado menor, en nuestros días— cuando el maletilla que sueña con la gloria de los ruedos y transgrede las normas de la sociedad, vulnera sus leyes. Es la España de un Belmonte, por ejemplo, que en compañía de otros maletillas irrumpe en la dehesa, en las Marismas del Guadalquivir, y lidia, desnudo, los toros, bajo la luz de la luna, o la España de posguerra de «El Cordobés», quien con catorce años y en compañía de su paisano, Hornillo, torea los sementales y las vacas del ganadero de Palma Félix Moreno. Tiene que intervenir la Guardia Civil (el orden), y los sorprende en la finca, con sacos robados de naranjas. Una serie de delitos, unida a la muerte con una bayoneta de un semental de la ganadería de Félix Moreno, conducen al «Cordobés» y a su amigo al destierro de su pueblo.

Desde entonces, este «capa», como otros muchos, inicia una dura y larga travesía por los pueblos españoles. Cuando sean figuras —si es que llegan a serlo—, ya coronados con la gloria, mitificados, aparecerán, paradógicamente —como en el caso de «El Cordobés»—, fotografiados con quienes les perseguían y metían en la cárcel. Es el orden que representa la Benemérita, frente a la aventura y bohemia del torero. Ocurre también con aquellos espontáneos que se arrojan a los ruedos y quiebran el buen orden del festejo. El mito, como en el caso de «El Cordobés», acepta esa rebeldía del aventurero y piensa que no han sido injustos con él. «No, porque ésa es la batalla: he sido un bicharraco de noche con la luna, la guardia me dio palos con razón.»

El orden combate y frena la aventura. En la España de la posmodernidad —1990—, unos novilleros murcianos caen abatidos por unos tiros de escopeta en una finca, cuando, al parecer, separaban toros para torearlos durante la noche. Intentaban «hacer la luna», lidiarlos bajo su luz misteriosa, hecho romántico del héroe, gozo pleno del torero, sublimación de la oscuridad frente a la radiante luz del sol. La luna se asocia a la fantasía y a la imaginación, «como reino intermedio entre la negación de la vida espiritual y el sol fulgurante de la intuición». El diestro, cuando torea a la luz de la luna, rodeado de un mundo de sombras, piensa en la aparición brillante, en la realidad esplendorosa de un nuevo mundo que intuye: el del sol, con sus rayos cayendo sobre el albero de la plaza en una tarde triunfal. El torero es un ser hecho de sombras y luces: surge de aquéllas para resplandecer con éstas.

Bienvenida: «El torero, un superhombre»

Me lo dijo Antonio Bienvenida, muy consciente del valor que le daba a esas palabras, en su casa del paseo de la Castellana, sentado bajo un retrato de Romero Ressendi, poco antes de que una vaquilla, en una desgraciada y absurda cogida, se lo llevara de este mundo: «Cuando toreaba me sentía transportado, ensimismado, y este sentimiento solamente puede percibirse en los toros. Ahora, este cambio de personalidad, deben sentirlo también los astronautas; hasta que ellos aparecieron, el torero era un superhombre.» Era, en cualquier caso, una manera de definirlo como héroe, de distinguirlo del resto de los mortales, como si procediera de otro planeta.

En términos similares, de afirmación heroica, contempla la trayectoria de un torero el matador Andrés Vázquez: «Es un hombre de otra galaxia». Y hasta un furibundo taurófobo como el poeta Juan Ramón Jiménez aliviaba su ira una tarde, cuando, en Cibeles, veía un coche de toreros de vuelta de la plaza: «Nunca sentí —decía— piedad por un torero y hasta pensé, a veces, que era buena su muerte por el pobre toro traicionado. Esta noche, al verlos tan solos, tan agonizantes, tan caídos, con su plata y su oro funerarios, los he sentido un poco héroes.»

El que fuera empresario de Las Arenas de Nîmes, Simón Casas, afirma que «sólo un torero puede ser en nuestra época lo que fue Rimbaud [poeta maldito]: un iluminado adolescente». Y Jaime Ostos incide en la aureola singular del diestro: «Lo primero que quiere ser un torero es dejar de ser un ser normal. Quiere convertirse en arte, en una cosa divina, en algo superior a lo que es el hombre en sí.» Busca así la ascensión a través del dios joven y artístico, que es una manera de sentirse superior y, en cierto modo, marginal, de hombre aparte, lo que, por ejemplo, interpreta José Miguel Arroyo, «Joselito», con «el sambenito de ser raros». Tierno Galván ve en «el torero [el] símbolo de la hombría heroica y cuando queremos hiperbolizar el valor de alguien le comparamos con algún diestro famoso». Es el dicho, por ejemplo, de «tiene más valor que "El Guerra"».

«En esta España nuestra —señala Ángel Álvarez de Miranda— hay una vieja casta de hombres bravos: se les llama toreros y nacen con una ornamental vocación de morir. Ellos, agonistas de su juego mortal e innecesario, son ya, en este mundo sin religión ni héroes, los únicos que prolongan el sentido del rito bajo el sol, en una auténtica liturgia que tiene como coro el público entero.»

Pareja Obregón lo interpreta cuando, con cierta exageración, dice: «Para matar noventa corridas al año hay que ser un Dios», número de festejos sobrepasado por «El Cordobés», Juan Belmonte, Juan Antonio Ruiz, «Espartaco», Joselito «El Gallo», «Jesulín de Ubrique»...

En la sociedad actual se premia un triunfo con el grito de torero. Así aclamaron, por ejemplo, los seguidores de Aznar a su líder la noche del día 12 de junio de 1994, tras su victoria en las elecciones europeas sobre el partido socialista.

El héroe, humilde y milagroso

En cualquier tribu, el héroe es humilde y milagroso; su actuación pública está marcada por una fuerza o inteligencia extraordinarias que le conducirán, en un súbito encumbramiento, «a las residencias del poder —según Verdú—; sus luchas triunfales contra las fuerzas del mal ocuparán, entre menguados intervalos amorosos, la mayor parte de su historia; su flanco más vulnerable es su pecado de orgullo [*hybris*]; y su muerte, por fin, sobrevendrá bien como efecto de una traición, bien por entrega voluntaria en un sacrificio desmesurado, o por ambos elementos conjugados».

Más sencillamente lo vemos en la trayectoria de muchos diestros, una trayectoria dura y resuelta, a veces, en un encumbramiento rutilante, cercano al poder o a su órbita. Domingo Ortega, por ejemplo, pasó exactamente en un año de la nada al todo: de paleto campesino que actuaba en las capeas a figura del toreo. Luis Miguel, amigo del ministro de la Gobernación franquista Camilo Alonso Vega; Paco Camino participaba en cacerías con Franco; «El Cordobés», también.

Si exceptuamos a unos pocos diestros, que aprendieron el oficio en casa, hijos, generalmente, de viejas figuras —«El Papa Negro», padre de los Bienvenidas; Domingo Dominguín, que también se inició en el duro aprendizaje de las capeas en los pueblos—, la mayoría procedía de la tosca escuela de las plazas de pueblo, las talanqueras en las fiestas populares, durante el verano, en el ruedo improvisado de carros; plazas de los pueblos de Castilla la Vieja y de Castilla la Nueva, de Andalucía, de Extremadura. Es, por tanto, una enseñanza muy dura y sangrienta a veces. Los toreros, que se han forjado en ella, cuentan las muchas adversidades, el encuentro con un público primitivo y hostil, una tribu primaria que mira al héroe como el salvador de la fiesta, pero que no le perdona el miedo ante el tótem de siete u ocho años: la actitud del público, si el maletilla no estaba mínimamente decoroso, si mostraba miedo, resultaba, en ocasiones, hasta vengativa y apaleada. A Andrés Vázquez, de maletilla, en la plaza de Fermoselle, le pinchaban con alfileres las mujeres cuando se resguardaba de una acometida del toro.

De las capeas sale la gran mayoría de los toreros que, años más tardes, llegarán a ser figuras: «El Viti» hace las de Castilla; Pedro Moya, «Niño de la Capea», sigue idéntico camino. El ya citado Andrés Vázquez, labriego campesino de Villalpando, dejará la labranza para ir como «capa» por los pueblos de Zamora, Valladolid y Salamanca, bajo el apodo de «El Renco». Casi todos los toreros de la primera mitad del siglo XX pasan, indefectiblemente, por esa escuela dura y sangrienta. Luego serán figuras, pero los primeros pasos y pases tienen lugar en los pueblos. Marcial Lalanda, Domingo Ortega, Nicanor Villalta dejan también sus huellas en el camino de las capeas.

Luis Miguel o el pecado de orgullo

Todas estas circunstancias de pobreza y tragedia incrementarán la leyenda del torero, reforzarán, un día, el papel del mito, la tarea del héroe. En sus biografías aparecerán esos períodos de desventuras que alimentan el papel de todo personaje mítico, hecho de admiración y conmiseración. Si, además, el diestro proclama solemnemente su poderío, y se sube, por ejemplo, al caballo en plena faena y, como hecho excepcional, realiza la función del picador, como hiciera Luis Miguel Dominguín una tarde en la plaza de Vista Alegre, o levanta el dedo índice —dicho matador— durante una faena en Las Ventas en la que se proclama el número uno, el diestro está simbolizando la autoridad suprema: «modelo reducido de un gran bastón de mando: que sea verticalidad pura, lo habilita para simbolizar en primer lugar al hombre como tal, luego la superioridad de éste establecido como jefe, y en fin el poder recibido de lo alto».

Pero el mito tiene un pecado, que es el exceso de orgullo, orgullo que pasea por los ruedos y fuera de ellos el benjamín de los «Dominguines».

En el caso de Luis Miguel, el mito crece, además, por la amplitud de rumores surgidos a raíz de su competencia y rivalidad con «Manolete», la muerte de éste en la plaza de Linares, su matrimonio con una actriz exótica y bella, extranjera: Lucía Bosé; después la separación de la pareja en la España del nacionalcatolicismo —qué escándalo—, las aventuras amorosas con un mito del celuloide, Ava Gadner; las canciones de gesta del «Verano sangriento», escritas por Hemingway; la rivalidad con su cuñado Antonio Ordóñez. Todo ello crea un clima propicio para la exaltación del mito. Después entrará en la esfera del poder, participará en las cacerías del franquismo y disfrutará de un poder de distracción con el que beneficia a un régimen dictatorial; y gozará de buena amistad —como acabo de señalar— con el entonces ministro de la Gobernación Camilo Alonso Vega. El propio poder recurre a ellos en celebraciones de orden social y laboral: la famosa corrida del primero de mayo.

Como Dominguín, pero en términos crematísticos, «Paquirri», también mito y héroe, tras su muerte en Pozoblanco, casado con la tonadillera «La Pantoja» —elemento favorecedor de lo mítico— y separado de una hija de Antonio Ordóñez, llegará a decir que «el rey de oros soy yo, porque soy el que más gana». El dinero también incrementa el sentido del mito. Y el torero está muy vinculado por el pueblo al dinero, por las sumas astronómicas que percibe por una corrida.

El héroe intensifica el estado de mito o viceversa si, una vez constatado como tal en su esfera, sale incluso de ella, como es el caso, por ejemplo, de Mazzantini. Ha sido ferroviario, alterna el trabajo de factor telegrafista con la afición taurina, pero ante las ausencias al trabajo, el nobel Echegaray le dice que escoja el oficio. Y llega a ser una figura del toreo. Un día se corta la coleta, deja el poder que le confiere el ruedo para entrar en la política. Mazzantini desempeña el cargo de gobernador civil de Guadalajara y Ávila.

Capítulo II
La muerte como traición o entrega

* Belmonte: «La dificultad de ser héroe en una hora» * «Joselito» y «Manolete», ejemplos de la traición de los héroes * Lalanda, o la cercanía de la muerte.

Hemos dicho que entre las condiciones del héroe figura entre otras: «su muerte [que] sobrevendrá bien como efecto de una traición, bien por entrega voluntaria en un sacrificio desmesurado o por ambos elementos conjugados». En este sentido, el torero cumple con creces la tarea del héroe. «Pepe-Hillo», por ejemplo, conmociona Madrid cuando el toro *Barbudo* lo mata en la plaza de toros situada junto a la Puerta de Alcalá. Él, voluntariamente, ha elegido el toro más grande. Goya dibuja la cogida. La ciudad enmudece el día de su entierro en la iglesia de San Ginés.

Hay otros muchos ejemplos: Manuel García, «Espartero», tiene un valor espartano; se ha entregado al sacrificio con 80 cornadas en el cuerpo y entra en la leyenda del héroe. En un café de Sevilla se cuelga, a la entrada, un gran retrato suyo y una corona dibujada sobre la montera; es el «Rey de la Torería». Tal es la leyenda que se invita al transeúnte a que se descubra cuando pase ante él. «Espartero», vestido de verde y oro, cae herido y muerto por *Perdigón*, un toro de Miura, en la plaza de Madrid, traicionado por su tribu, injusta con él. Después, España llora, como ha hecho siempre, su muerte.

Héroes taurinos

Existen muchos héroes en la historia del toreo por lo que significa «ejemplarizar, con su acción, la virtud como fuerza y excelencia». Aventureros como todos los diestros, la muerte siempre presente, manifestada en los ruedos, modelos como «Joselito», Belmonte —al que sólo le faltó morir en la plaza—, Sánchez Mejías, «Manolete».

El primero, héroe ortodoxo, clásico, lejano de la heterodoxia de su gran rival Juan Belmonte, aventurero y anárquico, genial, inconsciente, revolucionario, los dos polarizan los sentimientos diametralmente opuestos de la tribu, ambos levantan sobre el cráter de los olés y las verónicas la época más brillante y competitiva del toreo.

Juan Belmonte, genial en todo, retrata la sensación del héroe que él mismo era y sentía en ese año de gracia, para él, de 1919, el más completo, en todos los sentidos, y el de la víspera del infortunio para «Joselito». Belmonte así lo señala:

«Y, sin embargo [...] íntimamente, en lo más hondo de mi ser, fue aquél el año más angustioso, el de más dolorosas vacilaciones y mayor desfallecimiento espiritual. Para explicar esta flagrante contradicción entre lo que aparentaba y lo que por dentro me sucedía, tengo que insistir en mi convicción de que el toreo es fundamentalmente un ejercicio de orden espiritual y no una actividad meramente deportiva. No bastan las facultades físicas.

»Coincidiendo con el apogeo de mi fama y con el máximo rendimiento —109 corridas toreadas—, empecé a sentir una mortal desgana, un pavoroso desaliento y un íntimo hastío hacia aquello que a diario practicaba. Cuando estaba toreando y veía pasar al toro arriba y abajo, una vez y otra, llevado por los vuelos de la muleta, tenía la impresión de estar haciendo algo definitivamente estúpido, sin sentido alguno. Aquello no tenía objeto. Era aburrido, triste, monótono. Sentía ante los toros —prosigue Belmonte— la misma desgana que el albañil ante el tajo, el oficinista en su bufete o el zapatero en su portal. Empezaba a faltarme el entusiasmo.

»A medida que crecía mi dominio profesional disminuía el íntimo fervor con que antes toreaba. Aquella desgana me producía una tortura indecible, porque simultáneamente yo había empezado a tener un sentido de la responsabilidad y del espíritu de continuidad que antes no tenía y me preocupaba ya profundamente el prestigio del nombre y el deber de mantenerlo a una misma altura.

»Estaba toreando con la mejor buena fe —continúa Belmonte— y de improviso me daba cuenta de que aquello no valía para nada. La faena se me quedaba cortada y advertía con absoluta precisión el momento crítico en que el triunfo se me escapaba de entre las manos sin que fuese capaz de hacer el esfuerzo espiritual necesario para retenerlo.

»El público no advertía nada de esto. Es decir, no advertía, como yo mismo, que a lo largo de la faena había llegado al momento álgido y lo había dejado pasar sin conseguir que el esfuerzo de la lidia cristalizase en algo definitivo, en ese instante de emoción que no se olvida ya nunca.

»Me veían torear bien, valiente, seguro, maestro en el oficio y dueño en todo momento del toro y de mí mismo, y por todo ello me aplaudían con entusiasmo en todas las corridas. Pero aquel instante sublime, aquella transfiguración que súbitamente experimentaba en los primeros tiempos, no los lograba ya más que muy de tarde en tarde. Creo que fue aquél el momento más crítico de mi vida taurina. Al entusiasmo desbordante, al fervor y a la iluminación de los primeros años sucedía la necesidad reflexivamente impuesta de torear bien, no por un arrebato lírico del instante, sino por un agudo sentido de la responsabilidad contraída y del prestigio conquistado. Al nudo en la garganta que antes sentía cuando me iba hacia el toro, sustituía ahora un grave y penoso concepto del deber.

»Triunfar así era más difícil, más doloroso. Ya digo que muchas tardes, en medio de grandes ovaciones, me asaltaban un desaliento y una tristeza invencibles. Y es que positivamente resulta más difícil SER HÉROE [las mayúsculas son mías] en una hora que cumplir a lo largo de toda la vida con el deber que se nos ha impuesto.

»Vencer aquellas íntimas vacilaciones, mantener a través de los años una línea de conducta decorosa y dar a mi arte un sentido de continuidad es uno de mis mayores orgullos.

»Pero el público de los toros —añade Juan Belmonte— no estima tanto este difícil sentido de continuidad como los altibajos del trance HEROICO [las mayúsculas vuelven a ser mías]. Las multitudes llevaban ya demasiado tiempo llenando las plazas para verme torear y se cansaban precisamente de la corrección con que procuraba ejercer mi arte. Lo mismo que a mí, y quizá en mayor grado, le ocurría a "Joselito" con el público.»

La traición del héroe

Con su distinta manera de interpretar el toreo, tanto «Joselito» como Belmonte, diestros seguros, lidian tan fácilmente los toros que, con ellos, el riesgo parece inexistente. La misma tribu que ensalza y crea el mito, glorifica al héroe, empieza a sentirse traicionada. La víspera de la muerte de «Joselito» en Talavera de la Reina, es decir a la tarde siguiente del día de San Isidro del año 1920, «el público —cuenta Belmonte— estaba furioso contra nosotros. Los toros eran chicos y los aficionados protestaban violentamente cuando aún no había empezado la lidia». Ese día toreaban en Madrid «Joselito», Sánchez Mejías y Juan Belmonte. «El espectador llegó a tener la impresión de que le estábamos estafando —en palabras de Belmonte—, de que habíamos eliminado el riesgo de la lidia y nos enriquecíamos impunemente.»

La gente estaba tan agresiva contra ellos mientras esperaban el inicio del festejo, que no cesaban de llamarles: «¡ladrones!», «¡estafadores!», hasta el punto de que «Joselito», dirigiéndose a Belmonte, le dijo: «Va a llegar un día en el que no podamos salir a la plaza. Sí, hay que irse. Es lo mejor.»

«Joselito» había traicionado, pues, a su tribu: por el simple hecho de torear —lo que no era cierto— toros más pequeños. Un toro, *Bailador*, negro, chico y corto de cuerna, lo mataba al día siguiente en Talavera de la Reina. «Joselito» vestía un traje grana y oro, el color de los toreros valientes.

Otros diestros como Curro Romero, Domingo Ortega, Manolo Vázquez y Rafael Ortega han entrado en el mundo de la leyenda por ese sentido de juventud —como dice Burckart : «El verdadero deseo del hombre heroico es la juventud eterna y la paridad con los dioses»— y constancia en los ruedos. No importa el tiempo ni la edad. Ahí estaban ellos, peinando canas y dictando sus clases sobre el albero.

El héroe simboliza el impulso evolutivo

Veintisiete años más tarde de la muerte de «Joselito», la historia se repite con un caso muy similar al suyo: la cogida y muerte de «Manolete».

La primera victoria del héroe —en este caso la del torero— es la que obtiene sobre sí mismo. Es decir: dominar el miedo y vencer al enemigo, al toro; derrotarlo con la belleza del arte. El héroe simboliza «el impulso evolutivo [el deseo esencial], la situación conflictiva de la psique humana, por el combate contra los monstruos de la perversión» (Paul Diel).

Mientras Jung, en los símbolos de la líbido, verá en el héroe la identificación con la potencia del espíritu, de ahí que Juan Belmonte, genial en todo, piense que el toreo es un ejercicio de orden espiritual y no deportivo; ese que le hacía transformarse, transfigurarse, ser un hombre irreconocible. Los toreros como mitos tienen en el corazón de la moral abierta la llamada del héroe, que en el plano espiritual es, según Bergson, el motor de la evolución creadora. El torero es, pues, un hombre hecho para la creación, la creación de un mundo lúdico, insólito, complejo, original; un artista que crea y recrea su estro en el gran mundo de la plaza de toros; que despliega el lirismo con la capa y la muleta, entona la emoción con la gallardía del natural y el arrojo de la estocada.

Conviene insistir en que el mito procede de una clase humilde, que ha pasado por toda suerte de penurias y ha trabajado en los más variopintos oficios. Y esto le ha sucedido, por citar un ejemplo, al diestro colombiano César Rincón, nacido y crecido en la pobreza. Apenas si se le conocía en España como diestro y un triunfo resonante en la Feria de San Isidro de 1991, otro en la corrida de Beneficencia y una rutilante temporada, lo proclaman como elegido. Así, rotundamente, el crítico de *Diario 16*

«Barquerito» titula una de sus crónicas: «Rincón alcanza en Pamplona categoría de mito o héroe».

La «mariposa» de Lalanda o la proximidad de la muerte

Hemos hablado de una serie de mitos, de héroes consagrados, deificados, que dejan la huella de la sangre sobre el ruedo. La cornada, sin duda, es un elemento glorificador del héroe. La cornada representa la transgresión de la norma, la ruptura de ese juego mágico que envuelve al toro y al torero; es la falta de suerte o la mala suerte en la interpretación festiva de jugar, la alteración de los cánones —en un mundo donde impera la violencia del toro existe un gran número de normas—, la pérdida de la esencia del torero ante el todo del toro, la desaparición lúdica del juego por la tragedia.

Ha habido un diestro en la historia del toreo que, con ser «el más grande» —una vez más la expresión grandilocuente en el mundo de los toros—, según reza la letra de su pasodoble, ha alcanzado la aureola plena del héroe. Ese torero ha sido Marcial Lalanda.

La muerte en el ruedo —que él presenció, pero no tuvo— imprime a los diestros un sello de leyenda, estado supremo del héroe. Tal vez eso, como decía Valle-Inclán de Belmonte, habría mitificado a Lalanda. De todos modos, Marcial era un torero muy poderoso, creador del lance de la «mariposa». Marcial, que nos interesa por el símbolo, comparte terna con compañeros en tardes muy aciagas, marcadas por la tragedia. Contempla, con gran asombro, de qué modo y manera muere Manuel Granero, gran violinista además de torero, la tarde de su confirmación de alternativa de manos de su padrino La Rosa. También la cogida y muerte de «Varelito» en Sevilla, la del gitano «Curro Puya» y la de «Litri» en Málaga. Tardes inolvidables y dramáticas en las que el diestro hace el paseíllo con los cuatro matadores en distintos festejos.

«Al quinto toro recuerda (el que mató a Granero), sobrevino la tragedia (¡qué casualidad el quinto!). La Rosa estaba también en la enfermería —cuenta Marcial— y yo maté ese toro, *Pocapena*. Aquello fue espantoso, porque al levantar a Granero de la arena nos dimos cuenta de que estaba muerto.» Tan escalofriante fue esa cogida que algunos espectadores de ese festejo nunca más volverán a pisar una plaza de toros, como, por ejemplo, el académico Martínez Kleiser.

Curiosamente, Lalanda tenía los pies planos y él mismo se hacía, para rectificar sus defectos, unos vendajes en los pies. Respecto a sus recursos, se confesaba como «un técnico del toreo, que sabía casi todo». La mala suerte lo acompañó como testigo durante esas tardes que jamás olvidaría a lo largo de su no menos larga vida.

Él —que según el pasodoble, elemento engrandecedor del mito, compuesto en su honor, «Marcial eres el más grande»—, creador como he dicho de la suerte de la «mariposa», que en Japón simboliza el emblema de la mujer y también la muerte de alguien próximo, ¡qué casualidad que fuese Marcial el torero que actuó con el mayor número de compañeros muertos; el que más próximo estuvo en cuatro actuaciones distintas! (En este sentido, «El Soro» es, en la actualidad, el diestro que, por desgracia, ha sido testigo de las dos cogidas mortales de esta época más reciente: toreaba con «Paquirri» la tarde de la cogida en Pozoblanco y en Colmenar Viejo alternando con «El Yiyo».)

En el caso de Marcial Lalanda se da la circunstancia, además, de que la mariposa en el mundo sino-vietnamita expresa un voto de longevidad y Lalanda ha muerto en 1990, a la edad de 87 años, tras intervenir en 1.293 corridas y haber sufrido cinco cogidas graves, una vez más el número cinco.

El héroe, además —y siempre que hablemos de toreros a él nos estamos refiriendo—, es inmortal y basta con nombrarlo a secas, sin necesidad de enunciar el apellido, pues entra en la esfera de lo familiar, de lo que, sin tratar, nos resulta nuestro. Se habla de Marcial simplemente, sin apellidos, como de Luis Miguel en el caso de Dominguín o como de Santiago refiriéndose a «El Viti», o de Miguel si hablamos de «Litri», o de Julio si aludimos a Aparicio.

Capítulo III
El torero morirá identificado con la tribu

* «Manolete»: «La vida que hacemos, peor que la de los anacoretas» * «Espartaco»; «Para ser torero, hay que llevar vida de monje» * «Joselito»: «Huele a muerto» * La extraña premonición de «Manolete».

Como héroes que son, los toreros ni tendrán tiempo ni le sobrarán las fuerzas; perecerán, como en el caso de «Manolete» y otros muchos excesivamente identificados con la tribu, en un exceso de celo hacia ella. «Manolete» sueña en agosto del año cuarenta y siete, mes de su cogida y muerte por *Islero* en Linares, con la retirada. «A mí —había dicho en cierta ocasión— la suerte que más me gusta es la de las mulillas, porque es la señal de que pasó el peligro.»

La tribu «condena» a sus mitos a que no descansen. Ellos van de plaza en plaza, de ruedo en ruedo, dejando atrás miles de kilómetros sobre la piel de toro. «Manolete» piensa en liberarse de esa tiranía. «La vida que hacemos —confiesa— es peor que la de los anacoretas.»

Luis Miguel Dominguín, que compartió con él las horas previas a la cogida de Linares, está de acuerdo en los muchos sacrificios que conlleva la vida de torero. «Yo —señala— el día 2 de enero me metía en el campo, y ya ni copas ni mujeres; no las veía hasta que se acababa la temporada.» Y «Espartaco» es partidario de que el torero ha de llevar vida de monje.

«Manolete» es, como tantos otros, el héroe consagrado a su tarea, metido en el rito de las cinco de la tarde, el sacrificio de la corrida, interrumpido por un breve descanso, un mal sueño descabezado a lo largo de la noche, en mala postura, en el automóvil, kilómetros y kilómetros, el hotel, los admiradores del mito, los que se conforman únicamente con mirarle, los que desean tocarlo.

«Manolete» —como ejemplo de héroe— vive las horas de su vida taurina en «una permanente tortura —según sus palabras—, siempre con una interrogación en el cerebro: "¡Dios mío! ¿Cómo quedaré en esta corrida? ¿Me matará un toro esta tarde? ¿No volveré a ver más a los míos?"»

El héroe, sin embargo, empieza a traicionar a su tribu o es su tribu la que se siente traicionada. La tribu se identifica con él, observa en el espejo de su rostro la melancolía que lleva en su semblante tras los desgarros trágicos de una guerra entre hermanos. Esa tribu necesita auparle, además, para olvidar, por otra parte, los malos recuerdos de la contienda; quiere el clamor festivo de la corrida, ver la afirmación de la vida sobre un paisaje dibujado por la muerte. Con «Manolete» llega a la llamada Fiesta Nacional el toro chico consecuencia de la contienda, el afeitado, un nuevo estilo de torear de corte perfilero. Si el toreo se concibe de frente, Manuel Rodríguez trae a los ruedos una nueva concepción de torear, otra estética, un estilo muy personal; cierta majestad, sin duda. «Manolete», no obstante, quiere ser fiel a la tribu que le encumbra a la gloria, que se identifica con él, que aprecia en su semblante triste el drama de la guerra y la posguerra.

¿Por qué una figura como él torea en ¡Linares!, plaza de tercera categoría, una corrida de Miura? Él sí es consciente, como le confiesa a un periodista en San Sebastián, días antes de la cogida mortal, que «el público me exige más y más en cada corrida, y esto es imposible. No puedo darle más». La historia se repite: como ocurriera muchos años antes, momentos previos a torear juntos «Joselito» y Belmonte en la plaza de Madrid, cuando se quejaban del mal comportamiento del público. Ahora, Manuel Rodríguez le dice a Carlos Arruza: «Sé lo que quieren, y una de estas tardes se lo voy a dar para que esos bastardos estén contentos».

«Manolete» siente como una extraña premonición, subconscientemente, un final trágico cansado del peregrinaje por los ruedos: «Y después —dirá—, cuando termine la temporada, me retiro, si no me retira antes un toro». Curiosa premonición que adivinan los que rodean al mito, como si los males no pudieran ser conjurados, como si los espíritus malignos cayeran sobre él; como si el sacrificio fuera necesario y la sangre derramada lo purificara.

Huele insoportablemente a muerto «Joselito» en Talavera, según aseveró Blanquet, su gran peón de confianza. Últimamente le confesaba «Joselito» a Cossío su gran soledad : «Nadie [está] tan solo como yo». La muerte de su madre había agravado el estado melancólico del diestro de Gelves. Y lo mismo que José, olía a muerto Sánchez Mejías un año antes de que reapareciese. Y hubo de existir todo un rosario de infortunios para que se encontrara con el toro que le llevaría a la muerte: el estoque de Belmonte que mata a un espectador en La Coruña, la muerte de un hermano de Domingo Ortega, un accidente de automóvil de éste, que hará que piensen en Sánchez Mejías para sustituirle, el descanso en el parador de Manzanares, 11 de agosto de 1934 («Manolete», la noche antes de la cogida de Linares, cenaba en el mismo parador, también en el «agosto, augusto y lento»). ¡Qué casualidades! Ignacio tenía «la color enteramente quebrada» y un cansancio infinito.

También olía a muerto, como Granero. «Cuando toreas en la plaza de Madrid / te dicen las madrileñas: / "Granero, vas a morir".» Es un día 28 de agosto, y el quinto toro, una vez más el cinco: el quinto toro, *Bailador*, mata a «Joselito» y el quinto toro, *Pocapena*, a Granero. ¡Qué casualidad! De ahí que el público subconscientemente se defienda o trate de ahuyentar el mal espíritu con la famosa frase «de que no hay quinto malo». ¡Qué casualidad también! La plaza de toros de Talavera de la Reina está numerada del uno al ocho. La de Linares, lo mismo. Pero hay más: a «Joselito» lo coge el toro en terrenos entre el uno y el dos y a «Manolete» igual. La enfermería, en ambas plazas, está situada —qué casualidad también— en el tendido cinco.

A las cinco y cuarto, el diestro cordobés ha salido para la plaza. *Islero* lo coge cuando «Manolete» entra a matar. Luis Miguel Dominguín, que empieza a rivalizar con él, que comparte terna, se da cuenta de la cogida: «Hay una cosa de instinto —dice Luis Miguel— en el torero cogido, un velo de amargura en su rostro, que uno comprende inmediatamente, cuando se está cerca del herido, que la cogida es gravísima».

Esa tarde, «Manolete» vestía un traje de color rosa pálido y oro, símbolo de regeneración. Ha de morir «Manolete», el que mata toros pequeños y afeitados, para que la vida cobre más fuerza y se reafirme. Curiosamente, los grandes héroes del toreo, los mitos, caen en plazas humildes identificados con la tribu, con la clase social que les elevó a la categoría de héroes, con el pueblo llano. ¿Cómo es que mueren en plazas de tercera categoría? Es su lugar de destino; no hay otro. Muere «Joselito» en Talavera de la Reina; su cuñado Sánchez Mejías en Manzanares; «Manolete» en Linares; «Paquirri» en Pozoblanco; José Cubero «El Yiyo» en Colmenar Viejo. Todos ellos vuelven a los orígenes de quienes, en un principio, les alentaron, les ensalzaron camino de la gloria. Es el pueblo humilde, el mismo que asistió a sus andaduras iniciales, el que los encumbra y, en la traición, los hunde.

Habría que decir que la muerte del torero es una muerte heroica. A este respecto, Novalis señala que «la lucha marca el despertar de las fuerzas creadoras de la evolución que se habían adormecido en los períodos de estabilidad». El valor de la muerte heroica no sólo dimana del sacrificio aceptado, sino del servicio a las «fuerzas espirituales». Y todo ello acontece en el diestro que deja su vida en el ruedo.

La muerte, presente en la aventura

La rivalidad en el toreo tuvo momentos muy álgidos; y hablo en pasado porque, en la actualidad es muy relativa, casi ha desaparecido, curiosamente en un mundo marcado por la competencia. Ese sentido apenas si se manifiesta ahora en unos quites, y muy de cuando en cuando.

En su tiempo, hubo mucha rivalidad en el toreo; habría que decir que el toreo era, además, rivalidad. Y hubo parejas que han pasado a la historia del toreo por los mano a mano, o las parejas que, como figuras, rivalizaban en los ruedos: «Machaquito» y «Bombita»; Lagartijo y «Frascuelo»; Fortuna y «El Guerra»; Belmonte y «Joselito, verdadera edad de oro del toreo, con una legión de seguidores incondicionales: o se era belmontista o joselitista, como miembros de la tribu y de sus respectivos héroes.

Más recientemente, las parejas que forman «Manolete» y Arruza; Luis Miguel Dominguín y Ordóñez; Jumillano y Pedrés. Cada tribu tiene su héroe; cada torero, pues, su partidario; rivalizan unos contra otros en los tendidos.

Capítulo muy especial merecen «Joselito» y Belmonte. Se es belmontista porque su forma de interpretar el toreo es muy distinta a la concepción que del mismo tiene «Joselito». Belmonte, además, es un héroe por excelencia: tiene, junto con «Joselito», todas las características del mismo y, por si fuera poco, es un innovador, un gran revolucionario hasta el punto que «El Guerra» sentencia: «Quien quiera verlo, que se dé prisa; mañana puede matarlo un toro». Hasta su llegada, había un terreno que pertenecía al toro y otro al torero. Juan Belmonte los suprime, los funde en un ánimo creativo, en ese ejercicio de orden espiritual que preside su sentimiento en el ruedo. Porque Juan Belmonte, como buen héroe, habita en el mundo de la aventura, que es un «tiempo lleno», frente al tiempo vacío e intercambiable de la rutina. En esa «aventura siempre está presente la muerte. Por supuesto —según Savater—, pudiera decirse que tal asistencia nunca falta a ningún evento humano, pero en el caso de la aventura la presencia de la muerte no es ocasional, sino esencial: la muerte es lo desafiado, aquello cuyo testimonio de autenticidad aventurera se requiere. Es precisamente este protagonismo de la muerte lo que diferencia a la aventura del juego, o bien lo que convierte ciertos juegos en aventuras.

»La medicina de la inmortalidad —prosigue— crece precisamente allí donde todo puede matar; y el aura ultravital del héroe aventurero (tal es el caso del guerrero, del alpinista o del torero) es la de quien se ha frotado frecuentemente con la muerte y ha obtenido de ella vacuna y no contagio. En verdad, el aventurero no se juega la vida, pues ésta es precisamente lo que pretende ganar de modo reafirmado y merecido: se juega la muerte, el lote inevitable de la cotidianidad anestesiada, la permanente coartada de lo que impone su mediocridad sin peligro y abomina del arriesgado esplendor».

Tras cada torero existe un aventurero; el toreo en sí mismo es una aventura, una escalada de suertes por el infinito espacio de los ruedos, «alterna la lucidez del paraíso con la noche profunda, plena de terrores», que diría Goethe. El diestro trata de buscarle un sentido a la vida esquivando las fuerzas del mal y, en esa lucha, encuentra el aspecto ético de la misma.

El diestro vive sobre la ruleta de un constante juego, tentando el azar de la vida sobre la muerte. La vida, así, cobra un aire de aventura, de existencialismo trágico, en el que participa el aficionado.

Esa «existencia —según Tierno—, para el espectador español, sólo parece que tiene autenticidad cuando se vive como aventura [...]. La existencia humana es de suyo aventura porque el hombre es en sí venturoso, ya que siempre está a la espera y encuentro de lo que ha de venir. Pero si a la aventura añadimos la consciencia y fruición del aventurarse, la existencia logra vitalmente la mayor alteza y plenitud. El aventurero —concluye Tierno— es el tipo humano perfecto, el que ha logrado la existencia auténtica, aunque sea en la pura elementalidad». Ahí está el torero.

Capítulo IV
El torero afirma la vida

* Ostos: «Lo bonito es el triunfo» * «El Cordobés»: «¡El torero no tiene más que alegrías!» * Fernando Savater: «La verdad del toreo no es la muerte, sino la vida»

No hay espectáculo en el que la sangre esté tan presente como en el de los toros. La sangre está constantemente derramada: suerte de varas, banderillas, la hora suprema de la muerte. Todo esto sin excluir el albur de la cogida. El hombre nace de la sangre y expandirla significa regenerarse; derramarla es contribuir a la existencia, simboliza todos los valores solidarios del fuego, del calor y de la vida, que se emparentan con el sol. Y estos valores están relacionados con todo lo que representa belleza, nobleza y generosidad, elementos constantes y corrientes en el desarrollo de la corrida en la que se proclama la exaltación del matador, que no es otro que el héroe, quien, por su purificación, ha recibido el derecho de matar.

Entre los dogon, la finalidad del sacrificio era la de redistribuir la fuerza vital. Deschamps ha profundizado en su religión y define la palabra sacrificio como «hacer revivir». Por eso la corrida no tendría sentido sin la suerte suprema, porque, de esa manera, carecería de sacrificio y al ritual le faltaría un elemento sustancial.

Para los indígenas australianos, la sangre genera vida, fuerza y coraje. Y no hay nada más que ver a los toreros, cuando resultan cogidos: de qué manera manifiestan su rabia, y unos sin mirarse y otros viendo la sangre, se encaminan hacia el toro, dispuestos a seguir toreando, tras los aspavientos de estirar los brazos, desasirse de las asistencias y pedir que les dejen solos. Se enrabietan contra el bruto, presos de un raro frenesí.

Hay toreros heridos, algunos con cornadas graves, que continúan toreando hasta que acaban con el toro. Ejemplos, muchísimos. Fernando Lozano sufrió una cornada grave en la única actuación que tuvo en la Feria de San Isidro, en 1991. Tras sufrir una aparatosa cogida, continuó toreando hasta que acabó con su enemigo. Y otro tanto, Manolo Sánchez el día de la confirmación de alternativa, en la Feria de San Isidro del año 1993.

En un buen estudio sobre la sangre, Jean-Paul Roux señala que «no deben ocultar que su prestigio [el de las corridas de toros] reside ante todo en el juego de la sangre y la muerte: la corrida portuguesa, que excluye la estocada, es como un acto de amor que no termina en el orgasmo».

La sangre imprime vida

Mezclada con la tierra, según una tradición caldea, la sangre divina imprime vida a los seres y, lejos de esa tradición, que no es otra que la que manifiesta el torero a lo largo del festejo, es un vehículo de pasiones.

Siempre hemos visto la corrida pintada con un tono solanesco, el carácter trágico —que sin duda tiene y cantó Machado—, los cuadros que hablan más de la muerte que de la vida; que dibujan más las sombras que las luces; que, como Ramón Gómez de la Serna, ven en el rito íntimo de vestirse el torero una ceremonia con tufo de amortajamiento, cuando, como bien indica Fernando Savater, «la verdad del toreo es la opuesta, es decir, no la muerte sino la vida [...]. La muerte queda presente en el ruedo, pero ha resbalado del campo de lo necesario al de lo posible, ha perdido sombras: finalmente, el arte es más fuerte e incluso la presencia de la muerte, olvidada, se hace irreal. Sí, en el toreo está presente la muerte, pero como aliada, como "cómplice" de la vida: "la muerte hace de comparsa para que la vida se afirme"».

En cada pase, el héroe burla la muerte y, por tanto, cobra más vida. Ganarle en cada lance terreno al toro no es más que ganar vida. Todo en el toreo camina hacia adelante, «vamos palante», la pierna adelante y es la vida presente pero futurible en la espontaneidad y en la rapidez de la embestida. Y ahí está el toro, «no para quitarle la vida al hombre —según afirma Savater—, sino para darle más vida».

«No existe la pena»

La corrida es, esencialmente, vida con el fondo constante de la muerte. «Lo bonito que tiene la vida —dice Jaime Ostos— es siempre el triunfo. Y como aquí [en la corrida] la realidad es que existe una pasión de ser, y de sobreser el uno sobre el otro, cuando uno ve que su enemigo rueda a los pies, la satisfacción es inmensa, y no existe la pena sino el agradecimiento de haber conseguido, a través [del toro], lo que uno al principio se proponía, que era triunfar.»

«El Cordobés» es rotundo en este sentido y desvanece cuantos velos de tristeza puedan envolver el mundo mágico del toreo: «¡No! ¡Nunca busques el toreo con tristeza! ¡Eso es de gente pobre! El toreo no tiene más que alegría.»

Capítulo V
El sol de la corrida, o el triunfo sobre las tinieblas y la muerte

* Hemingway: «El sol, el mejor torero» * El sol y la sombra como símbolos sociales * El cinco, un número muy taurino * El tres, o el guarismo de la organización.

El héroe también se adorna con los atributos del sol. La luz y el calor triunfan sobre las tinieblas y el frío de la muerte. Ahí está el torero para cumplir esas normas, actuando bajo el sol y la influencia del calor. No se concibe la corrida sin el gran testigo del sol, sin sus calorías, sin su colorido.

«Esta estética del color en los toros —señala Gómez Nazábal— conlleva el que sea un espectáculo de día, de pleno día, cuando los colores calientes tienen su plena vigencia y el más encendido esplendor. La atardecida, y no digamos la noche, hieren mortalmente con su luz de crepúsculo [o artificial] el fulgor de las tonalidades calientes, que pierden el relieve y se azulean en gamas más frías. No sólo el día, también la presencia del sol es, de ese modo, igualmente elemento de notable importancia. Acentúa los contrastes con las sombras y aviva, en la llama ocre dorado del albero, toda la inmensa belleza del color. Los colores calientes se manifiestan mucho más intensos y excitantes a mayor potencia de luz natural. Las gamas de amarillos y naranjas propenden a descomponerse con la luz artificial. Por todo ello, el cielo encapotado en los presagios antitaurinos y, por supuesto, la lluvia mitigan incluso ese importante elemento del color.»

La noche, por tanto, anula la brillantez del festejo a pesar del parpadeo constante de las lentejuelas del traje de luces. La corrida necesita el sol y el contraste de las sombras, la variada gama de colores frente al movimiento colorista del diestro y el negro del toro.

«El Guerra», como buen cordobés y hombre de sentencias, inspirado en la filosofía senequista, lo definía muy sencillamente cuando afirmaba que para que los toros tuvieran todo el esplendor que les corresponde, no podían faltar en la corrida ni el sol ni las moscas.

Hemingway incide también en la importancia del sol en la corrida: «La teoría, la práctica y el acoplamiento del espectáculo —dice— se han montado suponiendo que el sol va a estar presente, y cuando no brilla, falta una porción importante de la corrida. El español dice: "El sol es el mejor torero", y sin sol el mejor torero no vale nada. Es como el hombre que hubiera perdido su sombra.»

El sol: manifestación de la divinidad

El sol, pues, es muy importante en el desarrollo del rito, en su consagración, en la deificación del héroe. El sol es simbólicamente, para muchos pueblos, una manifestación de la divinidad. Platón lo describe como la imagen del bien tal como se manifiesta en la esfera de las cosas visibles; y en astrología representa la vida, el calor, el día, la luz, la autoridad, el sexo masculino y todo lo que irradia. En la corrida, el diestro hace gala de la virilidad, de un gran machismo, ejerce autoridad, desprende la luz del arte, deslumbra con el oro o la plata del traje de luces.

En el horóscopo, el sol representa la coacción social de Durkheim —el sol y la sombra como símbolo de clases sociales: los ricos a la sombra y los pobres al sol, admitiendo una adjetivación clásica—, la censura de Freud, de donde derivan las tendencias sociales —según ellos—, la civilización, la ética y todo lo que es grande en el ser. Para Jung el sol significa fuente de la vida y de la definitiva totalidad del hombre. Y en cuanto al calor, el psicoanalista ve en él la imagen de la líbido.

De lo que se infiere que el sol tiene una gran influencia en la corrida, que se celebra bajo su luz y su energía. Se percibe su ausencia cuando la temporada ya declina, en el mes de octubre. Faenas que, con sol, tienen una gran vibración, generan un elevado entusiasmo, sin él resultan mortecinas y apagadas, deslucidas bien cuando llueve o hace frío. La corrida necesita el sol; sin este elemento es como un cuerpo sin alma; le falta vida. No se concibe sin el esplendor del sol. La función de toros no es como la del fútbol, sometido a las inclemencias del invierno. Sin la brillantez del sol, las faenas no parecen las mismas que realizadas bajo su vital influencia, y no digamos si llueve, porque se pierde, bajo el silencio apagado de los paragüas, el calor de los aplausos. Para los celtas, el calor se asociaba al valor guerrero de un héroe; calor y furor guerrero van de la mano en el mundo céltico, donde incluso combatían desnudos. En la corrida, el torero tiene muy mucho, si no todo, de guerrero.

En terrenos de sol se han hecho grandes faenas, bajo un calor sofocante, símbolo del valor guerrero —que así se interpretaba en el mundo céltico—; el calor que consigue madurar, biológica y espiritualmente. Poco antes de la Guerra Civil, en Badajoz había un novillero que todas las faenas las realizaba en terrenos de sol porque estaba identificado ideológicamente con el pueblo, mientras que otro novillero, con el que rivalizaba, se iba a la sombra a hacer faena.

Y en los agostos, «augustos y lentos» del verano madrileño de los años sesenta, las faenas solían hacerlas los toreros en terrenos del cinco, con los tendidos generalmente llenos de público, mientras la sombra la ocupaba poca gente. Los diestros buscaban el sol más allá de la mínima cosecha de unos aplausos. Bajo el sol, el torero se siente con más gana de hacer faena, más héroe, más brillante, irradia con más luz su valor a la par que recibe la luz espiritual del sol. Recuerdo, especialmente, a Luguillano, un torero de Valladolid, batirse con toros broncos y difíciles en la plaza de Las Ventas, bajo un sol ardiente. Y es que el calor significa, además, una manera de comunicarse; calor y arrojo guerrero van unidos, de ahí que bajo el sol la faena resulte más emotiva, más intensa, más plena, mucho más vistosa, plena de estética y colorido, sin un ápice de sombra.

Porque la sombra se opone a la luz, y resulta fría, sin emoción; es una tierra apagada. Jung la define como «la personificación de la parte primitiva e instintiva del individuo». A su amparo se acogen en Las Ventas muchos, casi todos, los diestros, en terrenos del nueve y del diez, en el inicio de sus faenas. Y lo hacen, en efecto, de una manera rutinaria.

Un ejemplo de sombra puede ser, es, la plaza de toros México, mestiza, en una línea distinta a lo hispánico. «La México, la plaza misma —cuenta Robert Ryan—, como ninguna otra del mundo, obra directamente en la corrida; su inmenso graderío crea inmensas sombras largamente caídas sobre toros, toreros y espectadores; sombras que pesan oscuramente, que bajan de tono matices y emociones de la lidia. Sobre el ruedo de la México, el sol, desde antiguo el mejor torero, juega un papel distante, un papel ausente. La México, salvo unas escasas horas alrededor del mediodía, es un mundo de sombras. Donde la arena de otros ruedos irradia una luminosidad intensísima y lujosa, y donde, en otras plazas, la luz del sol sube transparente al calor de un pagano reflejo, el ruedo de la México suele estar hundido en sombra, húmedo de sombra.

»No es el sol ni es el cielo, es la plaza —continúa Ryan—; el coso mismo domina la corrida, oprime la corrida, a través de la monumental fuerza de la sombra. Generaciones de toreros han languidecido bajo el escaso sol y la mucha sombra de la México.»

«Las cinco en punto de la tarde»

El sol está tan presente en la corrida, que ésta comienza bajo el esplendor de su reinado. Una hora taurina por excelencia ha sido la de las cinco de la tarde, mitificada por el poema que le inspirara a Lorca la elegía por la muerte de Sánchez Mejías. A esa hora, un sol de justicia cae sobre los cosos españoles; también, cómo no, sobre la llanura manchega. Un héroe importante en la historia de la tauromaquia es el cuñado de «Joselito», Ignacio Sánchez Mejías, testigo de la muerte de «Gallito», mito a través del ruedo y de los escenarios como autor teatral; mito y héroe, muerto por *Granadino* en la plaza de Manzanares.

Además, el número cinco está íntimamente ligado a la fiesta de los toros. La escuela de Pitágoras ve en él un signo de unión, de un número nupcial; también del centro, de la armonía y el equilibrio. Es, pues, la hora para que toro y torero se fundan en la elaboración de la faena, creen una bella simbiosis nacida del arte, una conjunción estética fruto de una comunión, que resulta más bella, más plástica y emotiva en el centro del ruedo, alejado el diestro de la protección de las tablas, donde las faenas resultan más íntimas, más sugerentes, en «la misma boca de riego», hontanar creativo y refrescante.

Unión que, por otra parte, nace de la concepción del torero como hombre —lo guerrero tiene mucho de femenino— y el toro como mujer, un maridaje entre toro y torero. El diestro en el centro, en el corazón del ruedo, se siente pleno, asienta su carácter de mito, proclama su categoría de héroe.

Los círculos concéntricos, trazados con cal, no son más que espacios para crear un ritual iniciático que culmina con la perfección en el centro; el diestro se abre de muleta en las tablas, pasa por el tercio y debe redondear la faena en los medios.

La faena de un torero empieza a valorarse en función de cómo se saca el diestro al toro de los adentros para llevárselo a los medios. De ahí el mérito del torero en que cada lance dado, bien con el capote o con la muleta, le gane espacio al toro, se lo lleve al mismo corazón del ruedo, significación espiritual tanto como material, lugar de encuentro, punto de unión entre toro y torero. Es, además, el lugar geométrico de la plaza, desde donde brindan los matadores la muerte del toro al público.

Si, según Nicolás de Cusa, la coincidencia de los opuestos es la imagen del centro, éste se concibe como una hoguera de intensidad dinámica. «Es el lugar de condensación y de coexistencia de las fuerzas opuestas, el lugar de la energía más concentrada.» La idea de centro está vinculada a la comunicación. Desde él irradia y transmite el diestro toda su creación. Posee, además, este lugar en el espacio una significación tanto material como espiritual. Se dice, incluso, que el alimento místico mana del centro; es el misticismo en el que entra el diestro en la perfecta conjunción con el toro.

Las faenas más rotundas, más plenas, se realizan en el centro del ruedo. Los ejemplos pueden ser numerosos.

Antonio Ordóñez realizó una gran faena a un toro de Urquijo en Las Ventas, en una Feria de San Isidro, en ese lugar tan solitario y armónico. Antonio Vázquez también hizo una gran faena en ese mismo sitio y en esa misma plaza; y otro tanto le ocurrió al hijo de Rafael Jiménez, «Chicuelo», y al diestro murciano Manuel Cascales. Tal fue la faena, hecha en el corazón de la plaza, el año de 1953, cuando alternaba con Mario Carrión y José María Recondo que, al no otorgarle trofeos la presidencia tras un pinchazo y una estocada, se armó un gran escándalo y la gente le obligó a dar tres vueltas al ruedo.

El cinco es también el número del centro en China. El matrimonio del principio celeste y del principio terreno de la madre, lugar de creatividad, de nacimiento y de vida, allí donde nacen las grandes faenas, en la inmensa soledad del ruedo. Cinco es el número de la Tierra. Y en el simbolismo hindú este güarismo representa la conjunción de dos (número hembra) —torero como hombre y toro como mujer— y de tres (número macho). Es el principio de vida, el instante en el que el mito crea, construye la faena. El cinco es, además, una cifra sagrada en América Central, para los mayas, y representa un símbolo de perfección para quienes el quinto día se consagra a las divinidades terrenas. Concuerda, pues, con todo lo que tiene de rito sagrado el toreo.

Insistiendo en el número cinco, tiene por significación esotérica, según Soustelle, «el simbolismo de la clase sacerdotal y guerrera, el sacrificio, o más bien el autosacrificio y la resurrección», muy acorde con el rito religioso de los toros. Número, por tanto, muy taurino. Las tradiciones orientales aprecian en dicho signo la vida manifestada, que no es otra que la que realiza el torero en la conjunción con el toro presidida por la muerte para afirmar la vida.

A Andrés Vázquez le han llamado la atención los toros marcados con un cinco, y afirma que salían buenos y, con algunos, realizó brillantes faenas. Por abundar en la presencia de dicho güarismo en la fiesta de los toros, en la plaza de Talavera de la Reina, en el tendido número cinco, se halla el toril, la enfermería y la puerta de cuadrillas; timbales y clarines se sitúan en la de Valladolid en el tendido cinco. La plaza de toros de Huesca está numerada del uno al cinco. Y en el tercio correspondiente a dicho tendido, en el coso zaragozano, tuvo la cogida Ortega Cano que estuvo a punto de costarle la vida.

Pero hay más hechos relacionados con el cinco; he aquí algunos ejemplos. En los terrenos del cinco, por lo que a la plaza de Las Ventas se refiere, buscan refugio los toros más mansos. En la década de los años cincuenta, un toro saltó al callejón por encima de las tablas del tendido cinco y le infirió a un carpintero de la plaza nada menos que once cornadas.

Francisco Rivera, «Paquirri», le hizo una gran faena en terrenos del cinco a un toro «pregonao». La conocida cogida y cornada en el cuello que sufrió Antonio Bienvenida al dar el famoso pase cambiado tuvo lugar en los referidos terrenos. Fernando Lozano, triunfador de la Feria de San Isidro en 1990, le hizo una emotiva y valiente faena —cortó dos orejas— a un manso también en esos terrenos, a los que suelen acogerse, con frecuencia, los diestros cuando sopla el viento, para refugiarse de sus molestias y que no les descubran los engaños.

El palco número de cinco de la Maestranza tenía una gran significación en cuanto era una cátedra: cualquier aplauso que de allí salía, cualquier murmullo, representaba mucho, sin duda, de cuanto ocurría en el ruedo. ¿Qué ocurría allí? Que presenciaban los festejos ni más ni menos que Juan Belmonte y un grupo de sabios de la tauromaquia. Y en los terrenos del cinco, en el albero maestrante, mató Antonio Rivera, «Riverita», hermano de «Paquirri», seis toros.

Suele decirse en el mundillo taurino que «el toro de cinco y el torero de veinticinco», como la edad ideal del toro y la del torero; y se habla, también, del toro de cinco hierbas como la edad ideal.

En este sentido, «El Chiclanero» dijo en cierta ocasión en Sevilla: «Yo no toreo hoy porque estos toros no tienen cinco años, y yo soy un matador de toros, no un novillero». En pleno auge de «Joselito» y Belmonte, en 1917, se determina en cinco años la edad del toro, que su peso mínimo sería de 550 kilos de junio a septiembre, ambos inclusive, y de 525 en los restantes meses. Como puede apreciarse, el número cinco está muy presente en el mundo de los toros.

Rafael González, «Machaquito», que dio la alternativa a Juan Belmonte, en su inesperada despedida, el día 16 de octubre de 1913, se cortó la coleta, sin previo anuncio, a los cinco días. Marcial Lalanda se hacía las fotos en un estudio fotográfico con el número cinco del tendido al fondo, vivía en los inicios de su carrera taurina en el número cinco de la plaza de la Cebada, hizo su debut en Vista Alegre el año 1915 «y recuerdo que me regalaron cinco duros más por el brindis». Y si será taurino este güarismo que a las cinco de la tarde trasladaban el cadáver de «Joselito» desde Madrid a Sevilla, tras su muerte, a los veinticinco años, en la plaza de toros de Talavera de la Reina.

El tres: número de la organización

Es el número tres, sin embargo, el que más preponderancia tiene en el mundo de los toros, el que juega un papel más destacado. Tres son los toreros que intervienen en el espectáculo; tres, las respectivas cuadrillas; asimismo tres, los tercios; tres el número de veces que el toro ha de acudir al caballo; tres, los pares de banderillas que clavan los toreros en esta suerte; tres, los componentes claves de la función: torero, toro y público. Tres personas integran la presidencia: también tres —por lo general— los que tocan timbales y clarines; tres, los avisos que envía el presidente al torero; tres, las partes en que se divide el ruedo: tablas, tercio y medios; tres, el espacio habilitado por el público: tendido, grada y andanada.

Esa ordenación del graderío —sol, sombra y sol y sombra— surge por orden de José Bonaparte; tres son los cánones del toreo: parar, templar y mandar. Tres, las mulillas que arrastran al toro; tres, las partes del traje de luces: chaquetilla, chaleco y taleguilla. Esta presencia reiterativa del número tres se hace ostensible, curiosamente, en las dinastías toreras y empieza con los Romero.

Pedro Romero es la máxima figura de todos los tiempos y el tercer hijo de Juan Romero. «Gallito» es el tercero, asimismo, de los hermanos. Otro tanto ocurre con Marcial Lalanda, Curro Caro, Pepín Martín Vázquez, Antonio Ordóñez y Luis Miguel Dominguín.

De aquí que esta cifra sea universalmente un número fundamental, de una gran personalidad, que conforma estructuras y situaciones humanas de grandes consecuencias; el tres es, pues, un número mágico e histórico, «el conjunto de todos los conjuntos con la propiedad de trinidad»; trinidad que está presente en la terna, o en los tercios bien taurinos, bien militares —de ahí la connotación de combate que representa la lidia. Expresa el tres un orden intelectual y espiritual en Dios, en el cosmos o en el hombre. Allendy observa en el ternario —recordemos las constantes referencias a la terna— el número de la organización, de la actividad y de la creación, hecho que es el principio y fin del toreo.

En las tradiciones iranias el güarismo tres aparece generalmente dotado de un carácter mágico-religioso, circunstancia ésta frecuente y vinculada al mundo de la corrida.

En el mismo sorteo de los toros, que tiene lugar a las doce de la mañana, intervienen tres banderilleros que sortean, en tres sombreros, los animales que han de lidiar por la tarde los matadores. Pues bien: esta cifra está ligada en las partes del Avesta al rito del sorteo por medio de flechas adivinatorias —en el de la corrida a través de bolitas de papel. Y en las connotaciones eróticas del toreo —que son muchas—, tres es el número simbólico del principio macho entre los dogon y los bambara, para los cuales su glifo representa la verga y los dos testículos. Los psicoanalistas ven en el número tres un símbolo sexual y, finalmente, el tres equivale a la rivalidad (el dos) —el mano a mano— superada.

Capítulo VI
El toro simboliza la fuerza creadora

* Animal vinculado a la tormenta, la lluvia y la luna * Faenas bajo factores metereológicos * Montherlant: «No puedo enternecerme con la muerte del toro» * Dominguín: «Un tercio de vida regalada» * Jung: «El sacrificio del toro, o "el deseo de una vida espiritual"»

El toro ocupa un lugar privilegiado en la mitología. Ha sido nuestro animal sacro, totémico y, en su lucha con el hombre, engendró el mito trágico de nuestro pueblo —que diría Niestzche— y, como consecuencia, un gran espectáculo, una terrible y colosal pantomima, en palabras de Giménez Caballero. Gougand lo define solemnemente: «Bruto glorioso, divino salvaje, el toro es indomable. Apenas se siente cercado bajo el nocturno inminente, escupe fuego y salta en el sol chisporroteando resplandores. Apenas se ha purificado en su hoguera, se sumerge en el fondo de las aguas fecundas. Apenas ha cumplido con la fecundación, muere como un guerrero de sexo rocoso. Apenas muere, renace. Sólo puede agarrársele por los cuernos: no se olvide que su cola fue el cinto de los faraones, que su morro escupe tempestades, que su sangre corre como la pesada lava de un volcán de vida, que sus cuatro pezuñas fueron los pies de la tierra.» Únicamente el diestro coge esos cuernos, ya como adorno, al final de la faena.

El toro participará en la lucha contra el héroe; exhibe la belleza en el espacio infinito del ruedo, la hermosa lección de la bravura; recibirá el homenaje del público, puesto en pie, al contemplar la estampa llena de misterio, o una vez muerto, cuando el público pida la vuelta al ruedo como testimonio de que su vida no ha sido baldía ni estéril, de que regenera la arena con su ejemplo, de que el torero y el público han participado con él en una orgía. Para los espíritus sensibleros, que manifiestan su odio por la manera de morir el toro, conviene recordarles la opinión de Henri de Montherlant en *Los Bestiarios*: «No, yo no puedo enternecerme con la muerte del toro. Tres, cuatro, cinco años de vida a la vez libre y libre y mimada, para diez minutos de sufrimiento. Preguntad al caballo de arrastre, al asno molido a golpes, al buey de labrar, si no cambiarían su existencia por la del toro.» O como señala Luis Miguel Dominguín: «El toro muere porque es su condicionamiento, y tiene el tercio de su vida, que es una vida regalada».

Picasso les decía a sus hijos que respetaran a todos los animales, «pero evidentemente el toro es un animal completamente distinto a los demás».

El toro tiene, además, su propio registro: nombre y unos padres y un busto como si se tratara de un personaje inmortal. ¿Quién no recuerda nombres como los de *Bailador*, *Islero* o *Pocapena*? No pasará sin pena ni gloria *Hechicero*, un ejemplar de la ganadería de Concha y Sierra, un toro gris, que en 1844 envía en Cádiz al hospital a todos los toreros y a todos los picadores que tomaban parte en el festejo. ¡Nada más y nada menos que siete hombres, tras haber matado a otros tantos caballos!

Y lo mismo ocurre con *Víbora*, un toro negro perteneciente a la ganadería de Jesús Bueno y que el día 9 de agosto de 1908, en Vista Alegre, salta la barrera, hiere gravemente a un carpintero y lo devuelven a los corrales porque «Jaqueta» es incapaz de matarlo. Y así con hazañas similares podríamos nombrar a *Zaragoza*, *Comisario*, que salta al tendido en Barcelona, *Oficial*... Toros que entran en la leyenda y en la historia.

Celebrar fiestas es humano y sólo humano. El diestro vive únicamente para la fiesta, va de plaza en plaza, de soledad en soledad —la que le da la intimidad en el ruedo con el animal—, divierte a la gente y, una vez que finaliza el festejo, acude a otra plaza con el mismo fin. El toro es también el único animal que altera su cotidianidad y participa, durante quince o veinte minutos —en las fiestas populares, la gente se pasa buena parte del día con él, juega con él— como coprotagonista. Esos pocos minutos para lucirse en un escenario, ante un público numeroso, bajo el sol, de lucha sobre el ruedo, sale de las tinieblas del toril, pasa por el rito del sacrificio y se pierde vivo en la memoria y en la orgía contagiosa del público, o en la decepción del mismo, en la frustración.

La figura del ganadero

El toro es un animal único en la Naturaleza: debe ser bravo y noble, acudir con alegría al caballo, humillar cuando llegue al encuentro con la muleta. El toro, según los expertos, posee un aparato genital fibroso, muy distinto del que tiene el hombre; por eso el toro siempre está dispuesto para la cópula lo mismo que el macho cabrío, de ahí que el hombre siempre haya visto en ellos un símbolo de potencia sexual y fertilidad. Los primeros años del toro transcurren entre juegos y peleas con las hembras con las que llegan a medir sus fuerzas, «de ahí que se hayan desarrollado —según el etólogo Luis Arias— luchas de ritualización en las que los individuos se hacen el menor daño posible. Los toros no intentan clavar las cuernas, sino empujar. El hecho de que el hombre siempre haya seleccionado para sementales a los ejemplares más agresivos es posible que haya aumentado la posibilidad de luchas mortales. [...] El toro más bravo no será precisamente el líder, como cabría pensar, sino un individuo que se encuentra siempre en un escaño inferior. La agresión no es un comportamiento que apetezca; al contrario, normalmente se rehúye. Sin embargo, hay momentos en los que se necesita ese comportamiento agresivo. El líder, mientras es reconocido como tal, no necesita agredir, pero sí los que quieren arrebatarle el liderazgo. En ese momento es cuando nosotros creemos, digo que creemos, porque las investigaciones no han concluido, que hay que seleccionar ese toro».

Todo lleva a que el toro sea muy seleccionado, conduzca al ganadero a un largo proceso de lograr la bravura, de conseguir un animal que embista lo mejor posible y logre alcanzar el triunfo del torero.

También aquí existe un rito, el rito de la tienta, laboratorio en el que se anota el comportamiento de las vacas, que el ganadero sigue bajo el microscopio de la mirada atenta. El toro bravo es el hijo del ganadero, dicho sea con respeto. Ángel Peralta afirma que «el ganado llega a adquirir un poco el carácter de la familia ganadera».

«Hay algunos —señala el rejoneador— que se sienten más ganaderos que toreros, y seleccionan fijándose especialmente en la bravura, mientras que otros se ocupan mucho de cómo se deja torear el toro y olvidan demasiado la bravura del animal. El toro debe criarse lo más salvaje posible y seleccionarlo para que su bravura se pueda modelar y hacer figuras plásticas con el arte del torero.»

Antiguamente, el ganadero se sentía ufano con sus toros violentos, a los que el torero difícilmente podría hacerle faena; existía un orgullo ganadero, como los del mítico don Eduardo Miura, que sufrió mucho cuando Juan

Belmonte le cogió un pitón a un animal suyo; existía una rivalidad entre el ganadero y el torero; aquél representaba los intereses de los animales que criaba, y trataba, por todos los medios, de que el torero sufriera con sus toros. Legendarios ganaderos, personajes extraños como el conde de la Corte, que no solía acudir a la plaza a ver el juego de sus toros o, si lo hacía, se situaba en un lugar donde no se le reconociera o pasara desapercibido.

Con el transcurso de los años, la actitud del ganadero ha sido de complacencia, de facilitar el lucimiento del diestro con un animal más bonancible y pastueño. Ya son historia los utreros que toreaban «Manolete» y «El Cordobés», aun cuando las «figuras», generalmente, han impuesto un tipo de toro para la lidia.

Últimamente ha vuelto a salir el toro grande en los ruedos, sobre todo en la plaza de Madrid, donde la exigencia del público y la radicalidad de los aficionados se ha impuesto de una manera primordial. Hay un público torista como existe un público torerista, y el que acude a Las Ventas participa de ambas concepciones, aunque, como digo, impera el criterio de la petición del toro grande.

Quizás la fiesta haya perdido emoción; es más estética que nunca, sin duda, pero ha reducido suertes y la monotonía de los diestros provoca, en ocasiones, bostezos. El toreo es, sin embargo, emoción; emoción que procede y transmite el toro, por eso el aficionado vibra, por ejemplo, con los «victorinos», animales de un ganadero que ha conseguido un tipo de toro muy especial, a veces hecho para el triunfo más absoluto, y otras, ofreciendo muchísimas dificultades. Victorino Martín cree que «el toro debe ser un animal con personalidad, que transmita y diga algo en la plaza, y que quiera coger al torero, que ésa es su obligación, como la del torero es evitarlo llevándole toreado. Con este toro, encastado, ocurre que el malo coge, pero el bueno es mejor porque transmite y da emoción».

Victorino Martín o los «victorinos» han entrado ya en la leyenda como los «miuras» o los portugueses «phalas». Victorino Martín, además, representa al ganadero de extracción popular; a él se le conoce familiarmente como el «Paleto de Galapagar», cuando el ganadero siempre ha ejercido en el mundo taurino un cierto papel aristocrático, representaba a la nobleza. El ganadero participa de una clase; Unamuno la llamaba, no sin cierto desprecio, la «cuernocracia»; es, hasta cierto punto, un clan, una casta que se ramifica y adquiere trato de dinastía, como los ganaderos charros Pérez Tabernero —don Alipio y sus patillas, todo un señor; su hermano Antonio, Graciliano—, los Miura, los Pablo Romero, los Guardiola, los Moreno de la Cova...

El ganadero posee un aire de romanticismo, subido en el caballo con su garrocha; un personaje, distinto y distante, que tiene su máxima expresión en la figura legendaria de Fernando Villalón, el poeta ganadero que soñaba con criar toros, en el campo de las Marismas, que tuvieran los ojos verdes.

El ganadero es el principio y fin del torero; cada diestro sueña con pertenecer a esa clase; es, en cierto modo, hasta una reivindicación. Domingo Ortega se sentía feliz, ya figura, cuando paseaba por la finca en la que trabajaba, siendo él un niño —cuando soñaba con las tardes de gloria en las plazas—, predio que él había adquirido al duque de Veragua, verdadero mito en la crianza del ganado bravo, a las orillas del Tajo, en tierras de Toledo.

El torero procede, generalmente, de una extracción humilde, y sueña con volver al campo tras la retirada; sueña con hacerse ganadero tras el rito de comprarse el «mercedes», la finca y, por fin, la ganadería, aunque en este campo no suele cosechar los triunfos —si fue «figura»— que adquiriera en los ruedos. Así cubre el diestro la nostalgia larga de una vida efímera pero intensa.

La fuerza creadora

Eisenstein describe la inmolación religiosa como la sublimación de los mitos. El toro simboliza la fuerza creadora, la potencia, la fogosidad irresistible; consagrado a Poseidón, a Dionisios, representa el dios de la virilidad fecunda. Los Vedas vieron en él el centro del universo que hacía girar la rueda cósmica... En un vaso griego puede apreciarse la lucha entre Teseo y el Minotauro: lanceros y doncellas no pierden su hierática presencia, mientras que, en el centro, Aquiles fuerza una estocada y el Minotauro es la víctima propiciada en una danza ritual.

También representa el toro, en las religiones indomediterráneas, a los dioses celestes, dada la fecundidad anárquica e infatigable de Urano. A un toro se asimila el dios védico Indra, fertilizante y ligado al complejo simbólico de la fecundidad.

Asimismo, el toro está vinculado a la tormenta, la lluvia y la luna; tormenta que desarrolla toda una acción creativa, que simboliza en un contexto romántico alcanzar una vida lejana a la vulgaridad, llena de pasión, intensamente vivida. Bajo la acción de la tormenta, han realizado los toreros grandes faenas, llenas de magia frente a la desnudez desgarrada de la caída de los elementos.

Faena de Jaime Ostos en los medios de la plaza de Cáceres, sin zapatillas, con el agua a la altura de los tobillos; otra impresionante y dramática de Paco Alcalde en Sanfermines, bajo un resplandor de rayos y el estentóreo ruido de los truenos, con la noche muy cerrada; la de «Cagancho» en la plaza de Talavera de la Reina, bajo una aparatosidad climatológica fuera de lo común.

Con una lluvia torrencial, «Serranito» toreó magníficamente a un toro en los terrenos del seis, en Las Ventas. En esta misma plaza, Luis Miguel Dominguín mató seis toros en una tarde inolvidable, con una tormenta espectacular. Jumillano cortó las dos orejas del novillo en una faena realizada en pleno centro del ruedo. Víctor Mendes cuajó un buen toro en Bilbao, sin olvidar una faena que «Joselito», el pequeño de los Gallos, califica como «lo mejor de mi vida de torero». Ocurrió en la plaza de Quintanar de la Orden. Cuando salió el cuarto toro empezó a llover tanto que los toreros se refugiaron donde pudieron. «Joselito» ordenó que salieran los otros dos toros a ver si de esta suerte el animal volvía al corral, pues el agua le llegaba muy arriba.

Pensaron, al no haber cabestros, que actuara la guardia civil, pero temieron una desgracia. Cansados, «Joselito», con la ayuda de «Cantimpla» y de Vázquez, se decidió a matarlo. El toro estaba enterísimo y se arrancó con mucha fuerza. «Joselito» lo burló «y le atisé la estocá más "diforme" que he atisao desde que me visto de torero». Y en la plaza de San Clemente, en otra corrida que lidiaba «Gallito», cayó un rayo, pero sin consecuencias.

Tanto el toro como el rayo constituyen, desde tiempo inmemorial, las divinidades atmosféricas. En antiguas culturas, el mugido del toro representaba al huracán y al trueno. Asimismo, en otras, el toro está vinculado a la idea de la muerte. En Egipto y en Asia el toro es también símbolo de la muerte, de ahí que los indonesios incineren los cuerpos de los príncipes en ataúdes con forma de toro, pues es necesario que el animal muera para que, una vez convertido en humos, fertilice la tierra y evoque los viejos cultos de Mitra.

En la Tauromaquia, el toro representa la creatividad de un arte único, mágico y fascinante y, por otra parte, tiene, qué duda cabe, un sentido trágico. Conviene recordar que es la corrida el único espectáculo en el que la muerte está constantemente presente.

Jung: «El triunfo sobre las pasiones animales»

Estamos, pues, en la frontera de las tauromaquias: el toro como fuente de eterna juventud y de perpetua regeneración. Así era el culto del tauróbolo que, desde Asia Menor, se introdujo en Italia en el siglo II: sangre de la fiera para dar la vida. Así pudo escribir Jung lo que representa el sacrificio del toro: «El deseo de una vida espiritual que permitiría al hombre triunfar sobre sus pasiones animales y que, tras una ceremonia de iniciación, le devolvería la paz, pues la muerte del toro indica que el instinto animal ha sido vencido».

De esta suerte, el torero en la lidia afirma y confirma la vida; la razón puede al instinto, la animalidad del hombre frente al toro está superada por el raciocinio. Así, después de un largo camino, hemos llegado a la corrida, cuyo origen significaba para Stendhal la «energía feroz propia de los pueblos todavía jóvenes».

Y, siguiendo con la simbología del toro, no falta quienes vemos en él la estampa del padre enfurecido, reflejado coloquialmente en el lenguaje popular español como «parece un toro» o «se pone como un toro» para calificar la furia desatada.

También en la liquidación del toro, en darle muerte, hay quienes aprecian el complejo de Edipo, pues se suprime la figura del padre. Y un taurófobo como Juan Ramón Jiménez veía en él todo un mundo dantesco: «Se va la noche, negro toro (plena carne de luto, de espanto y de misterio)».

Rito mágico y rito agrario

Riquísima la simbología del toro. El animal participa en el ritual del torero. Autores como González Estéfani señalan la admiración del hombre prehistórico por el toro.

«A nuestro juicio —dice—, el mito taurino español es autóctono y de inspiración paleolítica, es decir, de la época en que el hombre español se enfrenta trágicamente con el toro en un terrible duelo que debía necesariamente terminar con la muerte del adversario [...]. La tesis que defenderemos al tratar del origen del toreo por lo que respecta a España, es que un primer mito taurino, es decir, una primera y primitiva concepción del toro, que expresaba un rito mágico y que consideraba el toro como antagonista del hombre, continuó perviviendo, a través de toda la Edad Media, en ritos populares aparentemente alejados de esta concepción, y que esta primera visión, de inspiración paleolítica, ha modelado fundamentalmente el espíritu y la estructura de las corridas modernas.»

Sin embargo, hay estudiosos de este complejo tema que se inclinan en ver el origen del toreo —caso de Enrique Casas Gaspar— como un rito puramente agrario y que todos los años se consagraba a Hércules el mejor toro, de ahí que se le confiriese el sentido de sagrado y que, sin duda, despertara en el pueblo un sentimiento popular.

De la costumbre ritual a la práctica lúdica

Nadie, sin embargo, como Ángel Álvarez de Miranda ha profundizado tanto en el estudio del rito y del juego del toro, ritos que descansan en el carácter del toro como agente de fecundidad. El historiador holandés Huizinga, en las únicas líneas que dedica a la corrida, dice: «Las corridas de toros, como función fundamental de la cultura española, son una continuación hasta el día de los *ludi* romanos, aunque la forma en que aquéllas se celebraban antes estaba más lejos de las luchas de los gladiadores que las corridas de hoy».

Ha sido la fiesta que llamamos del «toro nupcial» el fenómeno que ha pasado de una costumbre ritual a una práctica lúdica.

En el estudio de *Ritos y juegos del toro,* Álvarez de Miranda señala que «paralelamente a esta costumbre rural del toro nupcial conocemos en España con seguridad, a partir del siglo XII, la presencia de corridas de toros de carácter caballeresco, al principio celebradas con ocasión de bodas y posteriormente con ocasión de los más variados motivos de alegría. Estas corridas —prosigue—, cuyo origen siempre ha sido muy discutido y nunca puesto en claro, parecen ser una prolongación deformada, secularizada y lúdica del rito popular del toro nupcial».

En ciertos pueblos del norte de la provincia de Cáceres existía la costumbre, con motivo de una boda, de coger un toro, atarle por los cuernos con una soga, tirar el novio y los amigos de él, meterlo en la habitación de la novia y darle muerte. Se explica así el rito nupcial y la fecundidad del toro, fecundidad que buscaba el rey Fernando el Católico para con su segunda mujer, y para ello mandaba que le guisaran testículos de toro. Y ese rito de carácter popular se extendería después, a principios del siglo XVIII, a las actuales corridas de toros, en las que ya aparece la capa, por ejemplo, que es posible que la capa española la usaran los mozos para jugar con el toro.

Así llegaríamos a los muchos tratados de tauromaquias, como la del varilarguero José Daza, onubense de Manzanilla, quien sostiene la tesis de que el Paraíso Terrenal estuvo situado en Andalucía y que Adán inventó el toreo al uncir al yugo el toro sublevado tras la caída original. Pero ya lejos de esta especulación, puramente fantástica, Daza define el toreo como «un arte valeroso y robusto, engendrado y distribuido por el entendimiento, la más noble de las tres potencias del alma. Es un arte forzoso y necesario para la conservación de la vida humana».

Capítulo VII
El arte de jugar toros

* Echeverría: «El toreo, una diversidad de suertes» * La suerte, según Domingo Ortega, un problema mágico * «El Cordobés»: «Cada uno [toro y torero] jugamos una carta distinta» * Las connotaciones eróticas del toreo * Ostos ve en torear «una fusión erótica, artística y sentimental»

Hemos hablado de la definición del toreo según lo concebía José Daza, pero hemos de resaltar, además, la importancia de una de las primeras y singulares tauromaquias, la escrita por «Pepe-Hillo», quien define la lidia «en las plazas [como] el arte de jugar toros».

Estamos, pues, ante un juego artístico, un juego en el que prevalece la estética; ese juego que, como símbolo, significa la lucha contra la muerte, o bien contra elementos hostiles como el toro, o contra uno mismo, el miedo... En este sentido, el juego tiene lugar en el ruedo, «el único lugar, según Hemingway, en donde se puede ver la vida y la muerte, esto es, la muerte violenta...». En general y simbólicamente, el juego del toro es exuberante, violento, surge como un brusco estallido, como una explosión de luz y de color, señala el fin del tiempo sagrado, la vuelta a un tiempo ordinario y festivo, disuelve una atmósfera sagrada de una intensidad excesivamente opresiva. Nace como una necesidad de la fiesta. Jean Servier aprecia en estos juegos «el ambiente sagrado que se ha acumulado...».

Y es lo que acontecía antes de que se iniciara la temporada taurina, que comienza con la clásica corrida del Domingo de Resurrección, tras el intenso y sacro paréntesis de la Semana Santa. Hace unos años, en pleno esplendor del nacionalcatolicismo, estos días se vivían muy devotamente, con una gran intensidad religiosa. Desde entonces, las costumbres han cambiado muchísimo y, dicho domingo, no obstante, sigue constituyendo la fecha señalada para levantar el telón de la temporada taurina.

En Madrid, por ejemplo, según señala Mesonero Romanos, en la plaza de toros, situada junto a la Puerta de Alcalá, se corrían animales en los festejos veraniegos y las corridas se celebraban de Pascua de Resurrección a la canícula. Y, en la capital de España, tres fiestas de toros de «obligación municipal» correspondían a la canonización de San Isidro, a San Juan y a Santa Ana. En la sevillana Feria de Abril («abril es —según Eliot— el mes más cruel; hace brotar lilas de la tierra muerta y mezcla la memoria y el deseo»), los toros han corneado gravísimamente a Pepe Luis Vargas, «Paquirri», Emilio Muñoz, «Capea»... En la Maestranza, un toro mató al banderillero Montoliú, en la Feria del año 1992. Si volvemos a la disolución de esa atmósfera opresiva, veremos que la Feria de Abril sevillana sigue a la conmemoración de la Semana Santa; las fiestas de San Juan en Alicante coinciden con el ciclo erótico de San Juan: «San Juan saca las mozas a pasear». Y, por esa época, se organizan festejos para celebrar fiestas sacras: el Corpus en Toledo (la famosa y tradicional corrida), en Granada, en otras muchas ciudades. Además, las ferias y, por consiguiente, las corridas, se celebran una vez recogidas las cosechas. Es el fin de un ciclo.

Juego anticristiano

Pero no ha faltado quien ha visto, en esta suerte de juegos, un parecido con los *ludi* romanos y más concretamente con los espectáculos circenses. Así, correr toros era cosa profana. El padre Mariana, por ejemplo, ataca duramente las corridas. Y el papa Gregorio XIII (1575) ya levanta la prohibición con restricciones respecto a la asistencia de gente de Iglesia y, después, Sixto V (1586) y Clemente VIII (1596) ordenan más disposiciones reguladoras.

Sin duda, la licitud moral de los toros era capital para un país católico y aficionado a las corridas como el nuestro, a las que, además, se les daba un sentido religioso no sólo con motivo de las fiestas patronales, sino también con el culto.

En este sentido, Caro Baroja —profundo conocedor de estos temas— señala que «hombres chapados a la antigua no sólo estuvieron familiarizados con el voto, sino que también, y hasta mucho más tarde, vieron vinculada la corrida a lugares y santuarios de mucha devoción, de suerte que algunos poseían lugar para ella sostenidos por los fieles». De lo que se infiere el carácter ritual y cuasi sacerdotal de las corridas. Las plazas, incluso, se levantaban junto a los santuarios: la de Talavera, por ejemplo, se alza al lado de la ermita de la Virgen del Prado, patrona de la ciudad.

El toreo como juego

Aunque resulte un arte, entre toro y torero existe, a lo largo de la lidia, un juego; el espectáculo se reduce a un toma y daca, a una invitación a la suerte. Pepe-Hillo, en su *Tauromaquia,* enumera varias suertes y la manera de ejecutarlas. Para Echeverría es un juego. Y se produce en tanto el torero cita al toro a diversas «suertes». «El toreo sería, pues, una diversidad de suertes, de citas del torero al toro a ver si hay suerte, por si la suerte se produce. Es una apuesta múltiple repetida según reglas diferentes. En cada suerte se reproduce un juego: se juega con la bravura del toro, que es burlada una y otra vez. Pero lo esencial no es que el toro resulte efectivamente engañado, que el toro pase, sino el modo o suerte en que tenga lugar la cita entre toro y torero.» El juego se realiza en la plaza, donde cada uno tiene su terreno. En ocasiones, el animal se resiste a jugar y busca su «querencia», un lugar donde se encuentra más cómodo, se defiende mejor, ante la insistencia del torero por sacarlo de ese sitio, tarea que, a veces, resulta ardua.

Pero es que, además, en el juego existente entre el toro y el torero hay un hecho capital, que es el cargar la suerte, que significa para mí apurar al máximo el juego, recrearse en la suerte, satisfacción máxima del cruce entre toro y torero, aprovechar suficientemente el juego. De ahí que los aficionados vean en cargar la suerte la gran aspiración del diestro; como si éste, en el inmenso tablero del ruedo, favoreciera y fuese favorecido por el azar de la acción del animal. Es lo que, en un lenguaje sencillo, llaman los taurinos «rematar» la suerte, que es consumarla.

En el subconsciente del diestro, late la dicha de tener suerte y de cargarla después en el juego. Por eso, en la puerta de cuadrillas, en el inicio del paseíllo, unos a otros diestros se la transmiten con la archiconocida frase de «Que Dios reparta suerte».

Para Echeverría, cargar la suerte no es adelantar la pierna. «Se puede cargar la suerte con la faja o incluso con la barriga, si el torero tiene años y ha cargado la suerte en la vida.» Y no hay por qué cargar la suerte al iniciar el pase: «este recurso —sostiene— puede ser absolutamente mecánico. Puede cargarse también en el cruce mismo, o un momento antes, si el torero está entregado al juego tanto como suele estarlo el toro».

Pero el toreo tiene unos cánones, unas formas, y todo lo que sea salirse de ellas significa una ruptura o una trampa en el desarrollo del juego. Entonces habría que hablar de una traición en el juego cuando, por ejemplo, el diestro está fuera de cacho, o se alivia, o realiza la suerte a toro pasado —hecho muy frecuente en el tercio de banderillas—, o se echa afuera o busca «el rincón de Ordóñez», bajonazo ligeramente camuflado en la ejecución de la suerte suprema: la de matar. (El burladero sería una expresión falsa del juego, una manera de no finalizarlo bien, garbosa, airosamente; una rendición del torero. El burladero lo impone Belmonte por su sentido espiritual del toreo, y porque, además, el diestro de Triana carece de facultades; no es «Joselito», alado y diverso, que juega sin dramatismo con el toro.) De ahí que el ideal de la suerte resulte de la conjunción entre el toro y el torero, jueguen ambos lo más puramente posible. «La suerte —en palabras de Domingo Ortega—, es un problema mágico.» Y, cuando el torero pierde la condición de diestro en el cruce con el toro, en ese momento, surge la cogida; no ha habido suerte; uno de los dos, generalmente el hombre —y así suelen confesarlo los toreros cuando resultan cogidos—, ha «espantado» a la suerte; suerte que, según Caillois, «representa la resistencia opuesta por la naturaleza, por el mundo exterior o por la voluntad de los dioses a la fuerza, a la destreza o al saber del jugador. El juego aparece como la imagen misma de la vida, pero como una imagen ficticia, ideal, ordenada, separada y limitada. Y no podría ser de otro modo, puesto que ésas son las características inmutables del juego».

«El arte [y el toreo lo es] no puede ser —según Unamuno— la mentira, sino la suprema verdad.» En ese juego entre toro y torero no existe burla y así lo veía Domingo Ortega, y otro tanto le sucede a Bergamín con un estudio esclarecedor: *El arte de Birlibirloque,* en el que denuncia las trampas del juego taurino. Y Sánchez Mejías, a quien dedica el referido ensayo, manifestaba que «hacer trampas es lo más peligroso que se puede hacer en el toreo y que, para hacerlas, es para lo que hay que tener más valor». Para Bergamín lo difícil y peligroso de las trampas radica en la salida. El verdadero toreo —señala— se burla del toreo también, pero no del toro. «Ni del público o pueblo que en la plaza forma parte integrante del espectáculo verídico y burlesco que es una corrida de toros. Espectáculo mágico y misteriosísimo.» Bergamín lo expresa en una cuarteta torera: «Ni el torero mata al toro / ni el toro mata al torero / los dos juegan su vida / al mismo azaroso juego...».

Sin embargo, para Enrique Gil Calvo no existe tal juego, pues el toro es sometido, mediante la provocación, a embestir; es obligado, por tanto, a jugar. Tal vez, en esa frontera misteriosa que es la bravura, pienso yo que radique el acto de jugar. No quiere intervenir en el juego el toro manso, que huye, o cuando, en expresión taurina, el bicho «se raja», es decir, que no quiere seguir jugando.

Ahora bien: en ese divertimento, el torero hace gala de sus facultades, de su maestría; y el toro, de su instinto. Pero llega un instante en que el juego se quiebra, se rompe y surge la cogida. Es lo que Gerardo Diego conoce poéticamente por la «suerte o la muerte». Y es así, porque es la suerte suprema —el juego más árduo—, la más difícil. Gregorio Corrochano decía: en el instante de matar a «quien no hace la cruz se lo lleva el demonio». Quiere decirse que, en ese encuentro, mata la mano izquierda, que es la que, gracias a la muleta, da salida al animal, mientras, con la derecha, sepulta el estoque en el morrillo. Esa imagen corresponde a una cruz.

El toro, por su bravura, está hecho para jugar. Lo dicen los niños con la candidez que caracteriza su lenguaje: «¿Jugamos al toro?» Porque, de no ser así, ¿para qué serviría la crianza de un animal que embiste fácilmente, que juega a la más mínima invitación, que está dotado de la condición de embestir?

El juego, además, cobra más intensidad, más plástica, cuando entre ambos jugadores brota el ritmo; es decir que el diestro acierte con la embestida del toro, se identifique con su son. Es calcular, mediante la distancia, la acometida del toro, acoplarse a ella, ya que, de lo contrario, se «ahoga» al animal. Rafael «El Gallo» hablaba del «sitio» como el lugar ideal para practicar el juego, un terreno idóneo de la plaza donde los dos protagonistas se sienten a gusto. Domingo Ortega aludía a los terrenos y al «misterioso don divino» que llevan los toreros para situarse en ellos.

En ese juego toro-torero de características geométricas, la verticalidad del diestro y la horizontalidad del toro, como lo veía Zorrilla, lo terrenal elevado a través del hombre juega, valga la redundancia, un destacado papel: el abrir el compás, que supone cargar la suerte. El compás que, por una parte, representa la seguridad, el rigor, es, por otra parte, símbolo cosmológico, ya que sirve para trazar el círculo, lugar de creación y de fantasía del torero.

Manuel Benítez «El Cordobés», inconscientemente, alude al sentido taurino del juego: «Cada uno jugamos una carta distinta, y no conocemos las otras dos, pero lo importante es que estemos jugando bien la partida. Estamos luchando para hacer una combinación, de manera que vayamos todos bien y salgamos contentos. A mí, lo que el toro traiga por dentro, no me interesa; pero sí me he jugado la vida —concluye— para triunfar en ese juego de barajas.»

En el toreo, «uno se la juega», lo que quiere decir que

se juega con la vida, se la somete al azar caprichoso de los dioses. El diestro juega en el ruedo y fuera de él. «Reverte», Rafael «El Gallo», «Joselito», «El Espartero» y varios diestros más eran amantes de la lotería; «Chicuelo» y Vicente Barrera, aficionados a los juegos de azar.

Connotaciones eróticas

Como en otros juegos, también en el toreo existen connotaciones eróticas. Tierno Galván ve en la figura de Don Juan al gran burlador de las mujeres: «Don Juan burla a las mujeres; el torero, al toro. Don Juan juega con el amor; el torero, con la muerte. No es que Don Juan no arriesgue la vida en el juego, es que este riesgo resulta de menor importancia que la fruición de la que procede la burla. En el toreo —señala—, la jugada con la muerte sirve de base a la fruición de burlar y vencer. Don Juan, diestro del amor; el diestro, Don Juan de la muerte.»

Para Tierno, Don Juan quizá sea el único personaje universal que se ha olvidado de Dios: «Sin el recuerdo de Dios y el de la muerte, la presencia de la vida, en una dimensión elemental, adquiere para Don Juan el mayor prestigio. Si los toros son la parusía de la muerte, el donjuanismo es la parusía de la vida, en su aspecto puramente material. Don Juan, diestro del amor, es diestro de la vida en cuanto pura sensorialidad.»

Tierno observa a la mujer como una entidad bravía a la que hay que «lidiar». Y eso, según su teoría, «no significa más que el deseo incontenible de vivir el amor sin detrimento de la propia personalidad; al contrario, enriqueciéndola y ensalzándola por el triunfo en una aventura que, aun cuando no lo sea, fingimos burla peligrosa [...]. Burlar la muerte y burlar la vida ofrece un nexo común: burlar, en cuyo nexo está la explicación que buscamos.

Don Juan, burlando al amor, *per-sencia* la vida; el torero, burlando al toro, *per-sencia* la muerte».

Toda la corrida está impregnada de erotismo y de sexualidad. «El toro posee todas las cualidades del macho, —según el diestro Luis Francisco Esplá—, y el torero es quien le pasa por encima, logra vencerle y de una forma sutil, casi afeminada, como la bailarina. Para mí, vencer todo aquello que supone la virilidad y hacerlo sin violencia es lo máximo.»

Antonio Ordóñez percibía la emoción del toreo siempre con una relación hacia «lo sexual y con el ser humano. No me refiero —señala— a la realidad fisiológica, sino a la afectividad. Entre los seres humanos hay otras expresiones sexuales que las meramente fisiológicas. Amar es sexualidad creo yo. El que es artista, esta relación amorosa tiene que tenerla por fuerza, sea cual sea su arte». Jaime Ostos ve en el toreo «una fusión erótica, artística y sentimental». Y «Antoñete», en su famosa faena a *Atrevido,* «tuvo un sentimiento sexual: "Cuando pasaba bajo mi mando, el placer me inundaba, temblaba como nunca, gozaba por dentro..."». Y Luis Miguel Dominguín sentía el toreo «como el amor hecho por el hombre maduro». El dominio que el hombre ejerce sobre el toro es para Domingo Ortega «una cosa dulce, suave, casi sensual. Más exactamente, entre sensual y voluptuosa». En su libro *La historia del ojo,* Bataille escribe: «Cuando la temible bestia pasa una y otra vez por la capa sin largas pausas y sin fin, a un dedo de la línea del cuerpo del torero, se experimenta el sentimiento de proyección total y repetida, característica del juego físico del amor». Ésta es, pues, la grandeza de la corrida, la combinación de la violencia con la estética para que ésta predomine sobre aquélla.

«Siempre me ha gustado ver la fiesta de los toros como representación erótica —confesaba José Antonio Gabriel y Galán—. Quizá desde que hace ya muchos años le oí comentar a un torero: "Si vas con una mujer, el toro lo nota". Es una perspectiva anterior y distinta a mi lectura del "orgasmo del toro" de Bataille. Pero no cabe duda de que el mundo taurino está envuelto en una compleja simbología sexual; en realidad, la fiesta no es sino un rito progresivo cuyo objetivo último es el orgasmo.»

El toro como hembra

Dentro de las muchas teorías en la relación toro-torero, discutibles todas ellas, el torero puede representar a la mujer y el toro al macho. En la cultura tradicional de la relación de la pareja, existe un gran paralelismo, una analogía, entre el proceso iniciático del torero presto para la corrida y la conquista de la mujer por el hombre.

Lo tradicional era, en el inicio del noviazgo, que el hombre, una vez ya bien vestido, fuera a buscar a la mujer a la puerta de la casa. El hombre, como el torero, se habría vestido lentamente, se detendría ante el espejo, habría, en fin, rememorado el rito iniciático del diestro camino de la plaza. Después iría a buscar a la novia al lugar de la cita, que representaría el paseíllo, esperaría a que saliera de su casa y, en ese instante, como dice Cela, comenzaría una relación («la relación entre hombre y mujer —señala— es una lidia») paralela a las suertes del toreo. Entre ambos se produciría un juego similar al de las suertes de la corrida. El hombre tantea las reacciones de la mujer; empieza el juego.

Nada más salir al ruedo, el toro recibe los primeros capotazos de los subalternos: «¡tócale, tócale!» (subyace un deseo erótico); se ve por qué pitón embiste mejor, por cuál se vence más. Existe ya una relación erótica, una vez que el entendimiento entre uno y otro es cada vez mayor, relación que afecta al plano de lo sexual.

El torero de Valladolid Manolo Sánchez lo expresa sencillamente: «Mi novia es el toro». Se tantea, pues, al toro como se tantea a la mujer, hasta que llegan a identificarse uno y otro; la suerte suprema sería el acto de hacer el amor. «El Cordobés» lo dice muy gráficamente: «Siempre supe "tirarme" a matar en el momento justo, cuando ella ya estaba calentita».

Capítulo VIII
La cogida, o la ruptura del juego

* Ostos se hizo más torero tras una gravísima cogida * Fernando Cepeda: «La cornada te devuelve a la realidad» * El día después de la cornada, pavoroso para «Espartaco» * El placer de ser cogido * Dominguín: «Mis cornadas tienen nombre de mujer»

Pero un desliz en el juego, un mal paso, una relación no comprendida con el toro causa la cogida. La esencia del toreo se quiebra y, por ende, su presencia queda reducida a la nada. El diestro ya no existe como tal; ha convertido el juego en siniestro y ha perdido la destreza que debe ser su arma. El toro se queda solo y espera jugar de nuevo, mientras el torero, burlado en el juego, se convierte en un pelele trágico. En la voltereta del diestro existe un símbolo de significación religiosa. En las culturas antiguas consideraban el derramamiento de sangre como un acto de fecundación por lo que supone de sacrificio. Ostos, tras sufrir una cogida gravísima, se hizo mucho más torero, y después de la cornada «es cuando de verdad he toreado a placer». De la culpabilidad de esa cogida, Ostos está convencido que no la tuvo el toro. Es más: el torero de Écija llega a decir del animal que le cogió que «era más bien un toro mansón, muy simpático [...], un toro con el que les gustaría a los toreros encontrarse a menudo en la temporada».

Con una actitud similar a la de Ostos, respondía Fernando Cepeda: «En el fondo, las cornadas te devuelven a la realidad, te quitan ilusiones vanas, son una experiencia y parece que te dicen: no me desaproveches, saca conclusiones, estás aprendiendo a ser torero, date cuenta [...]. He cavilado en otros toreros que también sufrieron cornadas, tan graves como la mía o más, y ahí están o ahí estuvieron. Son el modelo a seguir.»

El torero está seguro de que, tarde o temprano, llegará la cornada, el bautismo de sangre y, lo que es más duro, qué sucederá el día después. José Arroyo, «Joselito», cuando aún no había corrido esa dura experiencia, tenía miedo, estaba, incluso, obsesionado con ese porqué. «Yo siempre —decía— le he tenido miedo a la cornada [...]. Así que sólo quedaba la cornada [...]. Pero, por suerte o por desgracia, tendrán que venir más cornadas.» Inconscientemente, ¿no estaba «Joselito» invitando al destino a ser cogido? ¿No llevaba en cada paseíllo la cogida dentro? Ponce, sin embargo, estaba mentalizado: «Me la tienen que dar; nadie se escapa».

Una vez que «Joselito» pasó ese rubicón le ocurrió lo que a Ostos y a Cepeda: «Ahí cambió mi toreo. Se hizo más reposado, más real». Se acabó aquel «Joselito» que lo hacía todo acelerado. «Lo bueno que te puede aportar una cornada —sentencia Fernando Lozano— es conocimiento.»

El día después resultará pavoroso para «Espartaco»: «Nunca sabes si serás capaz de volverte a quedar otra vez delante de la cara del toro. ¡Es que las cornadas duelen! ¡Las cornadas se sienten! Y luego tienes que tener una capacidad tremenda de recuperación y tienes que repetirte mil veces: "No me duele... No pasa nada... El dolor no existe"».

El torero apoya su labor fundamentamente sobre las

piernas, los pies clavados sobre la arena como símbolo de seguridad, las manos y el movimiento de la muñeca; también juega con la cintura. Los toros cogen generalmente por los muslos, índice de fuerza en el sistema jeroglífico egipcio. Los muslos simbolizan la fuerza y el esplendor en el cabalismo y la posesión erótica y temporal en la cultura celta. «Paquirri» se lamentaba de cómo le cogían los toros: «Parece que me quisieran destrozar las piernas. Todas las cornadas van a cortarme los bajos.» En la orilla de la muerte, tras la gravísima cogida de Zaragoza, Ortega Cano respondía al sentido trágico y artístico del toreo y de la vida: «Cuando llegue la hora, ya sabes a cuál me refiero, estoy seguro de que va a ser delante de un toro». Un vaticinio valleinclanesco que corona la inmortalidad del héroe. Valle-Inclán se lo dijo a Belmonte: para redondear artísticamente su vida, debería morir en las astas de un toro.

Cornadas con nombre de mujer

Luis Miguel Dominguín asevera que «el toro es muy celoso, no perdona. Yo digo que todas las cornadas que tengo tienen el nombre de una mujer. Lo peor no es acostarse [con una mujer], sino que le ocupe tiempo en la mente, el creerse que está uno enamorado; que uno la necesita, porque necesita ese calor humano, esa contrapartida humana a la bulla de la plaza de toros. El estar enamorado produce una pérdida de tiempo peligroso, porque hay que estar pensando día y noche en el toro; es una entrega total. En cuanto no lo haga, lo paga».

Domingo Ortega lo afirmaba con su peculiar y rústica filosofía castellana: «El toro adivina siempre cuando el torero ha estado haciendo el amor».

El deseo de ser cogido

En Zamora vivía un maletilla conocido como «El Poto». Alternaba en las capeas de los pueblos de Castilla. ¿Qué hacía «El Poto», en pleno invierno, sin torear y sin pasar el guante, cuando le esperaba el hambre? Pues dejarse coger. Así pasaba una larga temporada en el hospital.

Por otras razones, Carlos Arruza también deseaba ser cogido. Una cuestión de amor. Estaba enamorado de una chica guapa que quería ser actriz y, de pronto, ella dejó de verle: «Estaba desesperado, verdaderamente desesperado, celoso y frustrado. Tenía que verla, pero ¿cómo hacerla venir a mí? Entonces se me ocurrió el plan más descabellado: me dejaría coger, no seriamente, pero lo justo para llamar su atención, para volver a atraerla. Ella no rehusaría verme si me encontrara herido en un hospital.»

En sus primeras andanzas, Juan Belmonte invitaba al toro a que le cogiera: «"Anda, cógeme; no seas cobarde. ¡Cógeme!" Estaba haciendo —cuenta— la faena ideal, la faena ideal con la que yo siempre había soñado [y] terminaba fatalmente, porque al tirarme a matar al toro me empitonaba y me daba una cornada en el muslo. No sé que subconsciente reconocimiento de mi falta de habilidad para entrar a matar me dictaba invariablemente este trágico final.

»Yo seguía realizando —continúa— mi faena ideal, metido entre los cuernos del toro, y apenas llegaban hasta mí las aclamaciones de la multitud como el eco de un fragor lejano. Hasta que, como en la faena de mis sueños, el toro me cogió y me dio una cornada en el muslo. Estaba tan embebido, tan poseído, que ni lo advertí siquiera. Entré a matar y cayó al toro a mis pies.»

Por supuesto que, en ocasiones, cuenta la exigencia del público: cruel, en una resurrección primaria de los instintos. Cañabate cuenta cómo acudía cierta gente a ver únicamente las cogidas a la plaza madrileña de Tetuán de las Victorias, coso para principiantes y pródigo, por tanto, en cogidas.

Ese público apasionado lleva, en ocasiones, al torero a la entrega máxima. «Varelito» toreaba en la Maestranza y el quinto toro le corneó. Cuando lo llevaban a la enfermería, exclamaba: «¡Ya me la ha pegao!...¡Ya os habéis salido con la vuestra!...». «Valerito» moría a los pocos días.

La casta del torero es una forma de orgullo, un acendrado sentido del honor, acaso el último estigma del honor calderoniano. Valencia II sufrió una cogida increpado por un sector del público. Cuando lo llevaban a la enfermería, echaba sangre con la mano a los que acababan de gritarle. Y les decía: «Toma, sangre del Chato». Algo muy parecido le ocurrió a Curro Romero en Almería: «El público estaba muy exaltado».

Se equivoca el torero

«El Viti» confiesa que «las cogidas se producen siempre por razones de debilidad de uno, o por equivocación...», mientras que Pepe Luis Vázquez opina que «en un noventa por ciento el que se equivoca es el torero». «El Papa Negro» era de esa opinión: «Muchas veces se equivoca el torero, y otras se equivoca el toro». También Domingo Ortega compartía el mismo criterio: «La culpa es del torero, que ha tenido un exceso de pundonor o de valentía. Cuando un torero ha tenido una grave cogida, si el torero está hecho, si conoce los toros, no hay problema psicológico. Es importante saber por qué le ha cogido a uno el toro. Y entonces la confianza en uno mismo no mengua en absoluto.»

Belmonte se preguntaba: «¿Quién ha dicho que las multitudes no tienen conciencia? A raíz de la muerte de

«Joselito», el público de los toros fue víctima de un curioso fenómeno de remordimiento colectivo. Pude observar entonces que súbitamente se había despertado en el espectador de las corridas de toros un exagerado temor y un cuidado celosísimo por la vida de los toreros.

«Durante cierto tiempo hubo en las plazas una extraña tensión nerviosa. El público temía más que el torero.»

Un sentimiento similar surgió tras las cogidas y muertes de «Paquirri» y «El Yiyo». En las plazas volvió a brotar el miedo y el público tenía un cierto sentimiento de culpabilidad; «la tragedia —como señala Aristóteles—, suscita sentimientos de piedad y perdón».

Capítulo IX
Torero y toro: una relación especialísima

* Matadores que les hablan a los toros * Ostos: «Una mezcla de caricia y violencia» * «El Cordobés»: «Le ha dado amistad al toro» * Ordóñez: «Yo no podría tratar [al toro] como enemigo» * Valor, miedo y muerte.

En contra de lo que pueda parecer, torero y toro están llamados a entenderse, a fundirse en un encuentro hermoso y creativo, en el círculo mágico de la plaza, lo que los viejos iranios llamaban «mandala» y que para la filosofía zen significa iluminación. El círculo es, según Arévalo, la primera y última forma con que los hombres concibieron y conciben el cosmos.

«Es, en los toros, como el "mandala", el espacio donde sucede el camino iniciático, laberíntico, que conduce a los hombres a la Luz. Desde la rueda solar paleolítica descubierta en Rhodesia —prosigue Arévalo—, que contiene el más antiguo de los dibujos mandálicos, hasta la teoría del universo curvo demostrada por Einstein, los hombres conciben redondo el infinito, así como según el psicoanálisis el círculo o la esfera simbolizan el sí-mismo, un símbolo que expresa la totalidad de la psique.

»Pero el sí-mismo no es una visión ensimismada del Yo, porque tiene igualmente que ver con su exterior. La obtención del Tao es —y traigo a colación esta forma de conocimiento espiritual china porque ha tratado con mayor profundidad que otras doctrinas la búsqueda de la plenitud a través del ser y estar del hombre en el cosmos—, la suprema conciliación del Yo —lo que está dentro— con el Mundo —lo que está afuera. La identidad del hombre, su plenitud, estriba en su relación con lo que hay afuera y es, por tanto, el origen de su acción, la acción del hombre (esta visión del hombre en estado de actuar, de reconciliar el Ser y el Hacer, aleja el pensamiento taurino de cualquier concomitancia oriental).»

El ruedo, conocido también como anillo, representa, por tanto, la continuidad, la unión entre el diestro y el toro como una pareja mágica, ceñidos casi siempre, casi siempre rozados, sumidos en un constante coqueteo, en pasarse el toro por la faja, actitud erótica; Eros y Tanatos —que el toreo tiene casi todo de ceñido y de insinuación, de amor y muerte—; en ese centro del ruedo, que no es otra cosa que la «profundización infinita», donde conjuntamente ambos recrean las formas de entenderse, de jugar más íntimamente —de ahí que las grandes faenas se hayan hecho en los medios—, «el lugar —según Nicolás de Cusa—, de la energía más concentrada».

Para torear hay que centrarse y concentrarse, que, en definitiva, no es más que buscar el centro, estar en él, irradiar la belleza creada hasta el tendido, transmitirla, desdoblarla del sentido intimista del diestro cuando manifiesta «que torear es gustarse», mirarse en el espejo narcisista de la creación y deslumbrar al público con sus reflejos lúdicos.

Entre el torero y el toro llega a establecerse una relación amorosa muy íntima, tan profunda que el torero pierde el sentido del espacio y del tiempo. Lo que resulta un misterio tenebroso tras las puertas del toril y el inicio de una gran soledad, se convierte, poco a poco, a medida que transcurre la lidia, en una simbiosis. El torero y el toro forman —según Ortega y Gasset— la esencia de «una de las disciplinas más abstrusas y fundamentales de la matemática» y que implica «una compenetración genial, espontánea, entre el hombre y el animal».

Juan Belmonte tenía la costumbre de hablarles a los toros «mientras los toreaba a solas en el campo» y en la plaza. Andrés Vázquez mató un toro de Baltasar Ibán en Barcelona, «un toro que no era ni bueno ni malo, pero que a base de hablarle y suavizarle, "¡Vamos, bonito, guapo!", se entregó totalmente a mí. Y luego, cuando le iba a pegar la estocada, resulta que le caían unas lágrimas increíbles».

Estamos de acuerdo en que los toros lloran. Pepe Luis Vázquez también lo ha visto, lo mismo que «Morenito de Talavera». Y éste se quedó impresionado cuando, al descabellarlo, observó cómo le caían las lágrimas. Rafael de Paula ha presenciado también ese fenómeno. Álvaro Domecq, sin embargo, no, «pero sé lo que piden [los toros] con la expresión de la mirada». Algo tienen esos ojos, cuando Belmonte decía que «me dan más miedo los ojos de los toros que los cuernos». A «Finito de Córdoba» le sucede algo similar: «El toro que me mira es el que más nervioso me pone; el deslucido o con problemas no me preocupa tanto, pero el que te mira más que a la muleta no me gusta».

Violencia y ternura

Según «El Viti», «el toro y el torero son dos seres que aúnan algo que están creando conjuntamente. Si llegan a compenetrarse, dan la impresión de que todo lo que está alrededor no existe. Eso lo he conseguido —dice— cuatro o cinco veces en mi vida. Para lograr dominar al toro se necesita tener amor al toro [...], pero si no llegas a sentir amor en conjunto por ese colaborador imprescindible que permite la realización de tu vida, no puedes conseguir el dominio ni, por tanto, el reconocimiento del que te está viendo». La realización con el toro ha sido primordial en su vida. «Creo que como liberación espiritual y humana —señala "El Viti"—, lo que he sentido en esta profesión no podría llenarlo con otra.»

Si para el médico y humanista Rof Carballo el amor es violencia y ternura, para Ostos «la relación entre el torero y el toro es una mezcla de caricia y violencia. El toro es, en realidad, amigo del torero, pieza clave para desarrollar sus sentimientos». Ostos llega más lejos en esa mágica relación: «El toro, desde que nace hasta su muerte, tiene una faceta de amigo».

Espartaco coincide en la apreciación de Ostos. «¿Cómo no va a ser mi amigo [el toro] si gracias a él he llegado a conseguir todo lo que he soñado en mi vida? Es con quien más sinceramente estás, cara a cara, en la plaza [...]. Hay buenos y malos toros —prosigue—, como las personas. Se les nota en la cara, en la agresividad, la forma de embestir, la manera de mirarte. Hay miradas que te dan un miedo enorme y tienen detalles los toros que piensas: "Como éste me coja me destroza".»

César Girón corrobora esa teoría de amistad: «El único amigo de verdad que tiene el torero es el toro». «Nunca he doblado un toro —dice "El Cordobés"—. Siempre he salido con ellos ayudando, confiando. Le he dado amistad al toro, no le he molestado de entrada, tocándole en el costado. Al revés, le he dicho: "Pues ahora nos vamos a jugar la vida. Vámonos para el medio, para que vayas cogiendo aire." En esos pasos íbamos haciendo una amistad, mientras estudiaba al toro. Cuando se le dobla, el toro derrota. Como yo no le tocaba de esa forma, era como si fuésemos a pasear en un jardín los dos. Después, pero sólo si era necesario, peleaba con la muleta. Nunca lo hice de salida. Los otros han hecho al revés. Porque si el toro me daba una caricia, le daba otra caricia, e íbamos acariciándonos los dos.»

Ordóñez: «El toro es la música»

Esa compenetración entre uno y otro resulta, en ocasiones, lúdica, fascinante sobre el albero, pequeño mundo en que la violencia resulta domeñada, transformada en cadencia y templanza en la embestida, transmisora de los sentimientos más sublimes, una cierta locura que iguala al público, lo comunica entre sí con un idioma de gestos. Cuando los cronistas, por la faena de un torero, dicen que la plaza era un manicomio, dan fe notarial de un hecho que sale del mero raciocinio, que toca las fibras sensibles del sentimiento hasta cotas de perder el juicio en la orgía o borrachera colectiva en que se convierte la plaza, o los que salen toreando fuera de ella, en plena calle, en una especie de mímesis de continuar y reverberar las imágenes que acaban de vivir.

La cadencia tiene un ritmo musical, el que corea el público con los olés en una improvisada, armoniosa y eterna partitura. «Para el torero —según Ordóñez—, el toro es la música. Si no tuviera música el toro, no habría esa composición hecha a base de sensibilidad.» «Yo [al toro] no lo podría tratar como enemigo.» Es, pues, la conjunción torero-toro, o viceversa, una simbiosis compleja y misteriosa, un todo; no es de extrañar, por tanto, que Pepe Luis Vázquez le dijera a un toro pastueño mientras lo toreaba: «¡Pero si esto es el mismo Dios!» Había entrado el torero en una atmósfera de misticismo como Rafael «El Gallo», que lloraba en las grandes faenas. He aquí, pues, el sentido espiritual del toreo.

El toro, para Domingo Ortega, nunca ha sido un enemigo, «sino un colaborador. Si se piensa que es un enemigo, no puede hacer nada con él el torero más que estar a la defensiva. Pero si se piensa que es colaborador, el hombre está tranquilo y hace todo lo que se presenta. La prueba de esto es que yo, cuando toreo, hablo mucho con los toros, dialogo con ellos y hasta les insulto, según los casos».

«Chamaco» padre observa cierta melancolía y tristeza en los ojos de los toros; y les habla durante la faena, un diálogo en el que les persuade de «que van a morir en la arena, que por lo menos tengan la dignidad de ser bravos y nobles. Y todos los toros que tienen esa mirada melancólica parece que entienden lo que les digo».

Valor y miedo

El torero, en la acepción de héroe, se identifica con el iniciado; al menos así se contempla en la cultura islámica y en la romana. Según Evola, la *mors triumphalis* es una vía directa de sublimación. El diestro, que cae víctima del toro, tiene una muerte triunfal, diría que una muerte heroica nacida del sacrificio que en sí mismo tiene la corrida, aceptado por el diestro y al servicio de unas fuerzas espirituales.

La corrida es también —según Gil Calvo— una sublimación del tanático instinto de muerte que subyace en tantas fantasías eróticas masculinas, donde a la mujer se la ofende y humilla hasta convertirla en una víctima rendida que obtiene su placer y felicidad de su misma pasión de víctima.

En este singular festejo, fluye y flota lo espiritual. Papini, en su *Libro Negro,* habla de ello como de un símbolo de la superioridad del espíritu frente a lo material, de la inteligencia frente al instinto.

La muerte está manifestada en la corrida, una vez que el torilero abre el toril. El toro corretea por la plaza, está en el juego con el diestro. La vida, extrañamente mezclada en esa danza. El torero es consciente del momento que le espera sobre el dorado suelo de la arena.

En la puerta de cuadrillas, el diestro aguarda nerviosamente el toque de clarines y timbales, fuma un pitillo, saluda como un autómata a sus incondicionales o simples aficionados que quieren estrecharle la mano o, simplemente, rozarle el oro del vestido, intenta el diestro dominar los nervios, controlarlos. (Vicente Barrera padecía, en esos momentos, fuertes cólicos antes de la corrida y vomitaba en el patio de cuadrillas.)

Pero ¿qué es el valor? ¿Un miedo disfrazado? ¿ Un miedo hecho costumbre? ¿Un constante dominio tras el primer capotazo que, un día, siendo el diestro pequeño, se le dio a un becerro?

Estamos ante uno de los muchos misterios humanos. ¿Acaso, tras un torero, no hay un extraño neurótico, una patológica ambición, un esquizoide, un marginado que busca en el toro una extraña salida a su situación sociológica y psicológica? ¿Un aventurero del mundo más complejo y arduo, el «yo soy pequeño y débil; yo quiero ser grande, fuerte y poderoso, un héroe», en el sentimiento de inferioridad del individuo descrito por Adler?

La existencia del diestro tiene sentido en cuanto lucha con el toro, adopta una postura masoquista de la vida y coquetea con la muerte. En esa existencia reina la inquietud; ésta engendra la duda que, a su vez, genera el temor. El valor nace de superar y dominar la duda; duda que está en el torero y, en ocasiones, en el toro.

Cuando esa duda desaparece, porque la razón domina al sentimiento por la sabiduría, porque «el torero lleva el toreo en la cabeza», entonces la duda ya no existe; no hay temor a nada.

Luis Miguel: «El miedo no lo enseño»

El valor como el miedo es un estado de ánimo y de las circunstancias del ambiente, incluidos, naturalmente, el toro y el público, que tiene un peso muy considerable en la corrida.

El diestro trata de soslayar el miedo, o un estado de ansiedad o de angustia, encontrar el sentido del ser, lejos de la rara sensación psicológica que le invade, de la misma duda hamleriana. En el patio de cuadrillas, hay matadores que, psicológicamente, son seres muertos; otros, sin embargo, no. El mismo miedo, para algunos diestros, es una forma de existencia, de vida. «Nadie sabe el trabajo que me cuesta, ni el miedo que tengo —decía Luis Miguel—; lo que pasa es que no lo enseño. El valor, como el miedo, es algo que hay que tener muy controlado.»

Valor y miedo, dos sentimientos contrapuestos o superpuestos; uno que trata de dominar al otro o, por qué no, de complementarlo, pues cada torero tiene «su» miedo frente a un testigo: el toro, que intuye en la plaza el estado de ánimo del diestro, descubre su fragilidad, la pelea de quién puede a quién. Hay un instinto especial en el toro que detecta una u otra actitud y, según sea, así será la batalla: el valor es fuente de dominio, de sometimiento, mientras el miedo es un acto de claudicación, una manera de no querer jugar, de rendirse en la batalla.

Nuestro miedo tras el del torero

Pero, tras el miedo del torero, está nuestro miedo, un miedo que nace en el momento en que se abre la sombra misteriosa del toril y aparece por él el fantasma violento y cruel del toro. Desde ese instante, todo cuanto hemos depositado en el diestro lo sentimos como algo nuestro, le conferimos nuestro miedo y comprendemos el suyo por mucho que lo disimule. Existe una especie de comunión entre él y nosotros, una comunión dura y triste. Cuando el espada se «descompone», y nos enseña la palidez del rostro, el temblor de las piernas, la huida pavorosa, «toma el olivo», como se dice en la jerga taurina, entonces nos sentimos engañados, frustrados, ridiculizados, porque bajo el hombre de oro, en el que admiramos el valor del que nosotros carecemos, el héroe que está en nosotros o que vamos buscando, se esconde un hombre más, uno más como nosotros; ya no es el héroe generoso del sacrificio, sino un ser incapaz de enfrentarse tan siquiera a lo que llamamos miedo.

Rafael de Paula —Curro Romero también— es quien, últimamente, encarna este papel, un papel donde se refleja todo el pavor que transmite la fiera. «Lo peor es perder los papeles —confesaba—. Es muy triste la sensación de impotencia, estás ante una fiera y eres un ser humano y se te viene el mundo encima. El peso de la responsabilidad es muy grande; yo, a veces, no lo puedo superar. El torero debe conservar siempre la compostura.» Lo que los taurinos llaman «estar aseado», que es principio de pureza, tan presente en la corrida, o el saber estar de un torero en la plaza.

No hay ningún otro lugar, como el de la plaza de toros, donde el miedo tenga su más genuina expresión, esté tan repartido entre todos. Un miedo que se convierte en grito desgarrador de lo más íntimo del sentimiento cuando el torero resulta cogido, un escalofrío que recorre todo el cuerpo y que se extiende por toda la plaza hasta convertirse en un ¡ay! estremecedor.

El miedo es un hecho lógico que sienten todos los toreros. Curro Romero tiene, a pesar de la leyenda de torero miedoso, «el miedo más sereno del mundo. Cada vez que toreo, pienso que puedo perder la vida».

Pepe Luis: «Es preciso ese miedo»

Pepe Luis Vázquez le ha dado tantas vueltas a la cabeza en torno a este asunto «que creo que hasta es preciso ese miedo. Esa parte de miedo que tiene el torero le hace funcionar mucho mejor la cabeza [...]. Ese miedo es tan importante como el valor en el torero».

En «Espartaco» esa sensación no decrece nunca, «diría incluso que va en aumento. Hay miedo días antes de la corrida, horas antes, minutos antes. Un miedo tremendo al toro, a no responder a las expectativas que todos han puesto en ti, al fracaso». Esa angustia está tan presente en él que no puede dormir solo por la noche: «Tengo que hacerlo con mi padre, uno de los hermanos o alguien de la cuadrilla». Cuando «Paquirri» yacía muerto en el hospital de Córdoba, «La Pantoja», entre sollozos, exclamaba: «¡Con el miedo que tienes a la oscuridad!»

Antes de torear, en la soledad de la habitación del hotel, «Paquirri» miraba al techo y pensaba en el éxito de esa tarde. Hombre de muchos tics nerviosos, confesaba que «por algún lado tiene que írseme el miedo...». Esos tics son muy frecuentes en los toreros. A Manzanares, el miedo le hace sentirse real: «Siento que vivo la vida de verdad. Es una sensación agridulce, porque me recuerda el valor y me fija los pies en el suelo. Sin miedo, sería como un obrero en paro, viviría en el vacío. El torero no tiene sino miedos. Los toreros buenos tenemos más respeto que miedo al toro.

»Combatimos su misterio, lo desconocido que guarda dentro, con técnica y el control físico. Ser torero es vivir en permanente alerta, con el miedo como compañero, es como la voz de la conciencia.»

«Capea», o la necesidad del miedo

«El Niño de la Capea», durante el período de la retirada, sentía, en esa ausencia, paradójicamente, la necesidad del miedo, una especie de morbo: «Necesitaba volver a los ruedos, aunque sólo fuera por sentir el miedo». Enrique Ponce no tiene miedo; «tengo responsabilidad». César Rincón, sin embargo, pasa «muchísimo»: «Por eso disfruto cada reunión como si fuera la última».

El sentido de lo efímero marca aún más la vida del torero. Por tanto, cuanto vive, lo vive con una gran intensidad. A pesar de su reconocido valor, Belmonte hablaba de un espantoso miedo antes de la corrida: «Se cambia el tono de voz, se adelgaza, se modifica el carácter y se le ocurren a uno las ideas más extraordinarias. Luego, cuando ya se está ante el toro, es distinto, se ponen los cinco sentidos para analizar al bicho.»

«Sé muy bien lo que es el miedo —decía "Litri"—, lo saben todos los hombres que tienen corazón. Pero en la plaza se pasa pronto, en un momento dado los músculos y los nervios se aflojan y entonces se siente uno el amo. Todo compensa. ¡Es tan bonita una tarde de triunfo!»

«Yo les tengo miedo a todos los toros —declara "Chamaco"—, pero me da mucho más miedo cuando pienso que puedo tener miedo. No quisiera ser nunca un torero cobarde. Creo que una de las satisfacciones del hombre es sentirse dueño de sí mismo, de haber dominado una situación.»

Sánchez Mejías: «Que el torero se roce con la muerte»

El héroe, con la muerte, enaltece el sacrificio, consigue la plena liberación con la sangre derramada en la plaza. «El torero no tiene más verdadera vida que la del peligro —decía Sánchez Mejías—. Cuando uno se retira, se muere. El torero no tiene más peligro que el dejar de existir, y su muerte no está en la plaza, sino en su casa. "Joselito", muerto en Talavera, sigue estando vivo: más vivo que Belmonte y que yo. Él murió valientemente, y nosotros nos metimos cobardemente en casa. Para alejarse de la muerte —concluye—, es preciso que el torero se roce con ella. Es decir: que no deje de torear.» Nadie como él vivió el drama de su cuñado «Joselito», con el que compartió cartel la tarde trágica de Talavera de la Reina. Qué casualidad: catorce años más tarde iba a ser él también víctima de un toro, en la plaza de Manzanares, lejos de la enfermería. Tenía verdadero pavor a las enfermerías de plazas de poca monta.

Pepe Luis Vázquez ve la muerte como algo que acompaña siempre a los toreros: «No solamente es compañera nuestra, sino que la vemos por allí. Estamos familiarizados con ella, en el sentido de que puede surgir. Sobre todo, en la época de que yo hablo, la veíamos con frecuencia; la veíamos reflejada en los caballos de picar. No es que presintiéramos la muerte, porque no queríamos morir; ni nos parecía que íbamos a morir, porque naturalmente no hubiéramos salido a torear; pero sabíamos que estaba por allí. Nos veíamos la cara los unos a los otros, y sabíamos que se reflejaba [...]. El primer paso grande del toreo es vencer al toro, lo que equivale a vencer a la muerte.»

«La muerte, un metro cuadrado por la plaza»

«La muerte es un metro cuadrado que anda dando vueltas por la plaza —confiesa Luis Miguel—. Lo que pasa es que no hay que pisarlo en el momento en que el toro viene hacia uno. Nadie sabe dónde se encuentra este metro cuadrado. Podríamos decir que esto es el destino.»

«Paquirri» no solía pensar en la muerte. «Alguna vez sí se me ha pasado por la imaginación. Creo que la muerte, como todo en la vida, tiene su momento. Y la mía llegará cuando Dios quiera. Confío plenamente en él.»

Rafael de Paula es de los diestros que piensan en la muerte «continuamente, cada día más, pero ahora me asusta menos. Antes me aterraba la muerte y el dolor, pero ya no me espantan, estoy más tranquilo, sé que tengo que morir y no me asusto».

Capítulo X
Rito y simbología del traje de luces y sus colores

* «Espartaco» viaja como tantos otros con la capillita * La «pasión» de Andrés Vázquez * El torero simboliza la unión de las fuerzas celestes y terrenas * El torero como gran sacerdote * La corrida y su especial sentido de la pureza.

El juego entre torero y toro se practica como si se tratara de un rito. Es, en sí, un rito. El diestro, mito y héroe, lo ejerce obedeciendo las normas del más estricto ritual; es como si realizara una ceremonia, una ceremonia casi sagrada, en la que el diestro oficia lo mismo que un sacerdote: de ahí el paralelismo existente entre las diversas facetas de la corrida y los rituales de sacrificio. Para «Cándido», el torero no es un sacerdote, sino una sacerdotisa, y señala el parecido ritual entre el vestirse de la novia para las nupcias y el vestirse del torero para la lidia. Interpretaciones al margen, lo que sí es claro es que lo religioso está íntimamente unido al desarrollo de la corrida. Todo el proceso del diestro para vestirse, cuando se recoge en la soledad íntima del cuarto del hotel, sacristía donde comienza el rito, pequeño altar improvisado lleno de estampas, iluminado de lamparillas —«la costumbre cristiana de ofrecer y encender cirios, frente a las imágenes de santos en el santuario, simboliza a la vez el sacrificio, el amor y la presencia como una llama»—, oraciones en silencio, el mozo de espadas que, como un monaguillo, ayuda al torero a vestirse —Gómez de la Serna veía en ello algo de amortajamiento—; el «pasar el guante» de los toreros en las plazas de talanquera, hecho parecido a pasar la bandeja en la iglesia.

«Espartaco», por ejemplo, viaja con su capillita a cuestas y, como él, casi todos los toreros: «Siempre he sido muy religioso, lo llevo dentro, y rezo toree o no. Cuando llego a la habitación del hotel, despliego todos mis santos, coloco mis estampas y me encomiendo a la Virgen del Rocío. Eso me reconforta.»

Cuando se quedaba a solas en la habitación, una vez que se marchaba el mozo de espadas, Andrés Vázquez entraba en una especie de «pasión» mística, evangélica: «Recordaba la soledad de Jesucristo en el Monte de los Olivos; son unos momentos de una indescriptible soledad».

En la corrida, según Tierno, hay «un acto colectivo de fe. La afición a los toros implica la participación en una creencia; de aquí que, para el auténtico aficionado, la afición sea en cierto sentido un culto». La fe que emana del torero, se une a la que siente el espectador.

De todos modos, el matador es consciente, mientras se viste, del instante en el que se enfrenta a un gran misterio. Independientemente de su creencia, el torero es, en esos interminables momentos, un hombre abierto a un estado de ánimo con un sentido primitivo del misticismo, pues lo religioso tiene mucho que ver con el misterio, con poderes superiores o con lo sobrenatural, con la distinción entre lo empírico y lo trascendente. (Hay toreros que, al vestirse, retornan al más puro estado de la infancia, por ejemplo. «¡Quién no recuerda —dice Marcial Lalanda—, su primer traje!», y piensan, los que pudieron hacerlo, en el rito de la Primera Comunión. Todos tienen, a la hora de vestirse, un sentimiento especial.)

Así, el matador de toros se dispone a participar en la gran ceremonia del sacrificio: vestido de luces, con el traje muy ceñido, magnificado por el parpadeo fulgurante y luminoso de las lentejuelas, ese brillo que, como los bordados de las casullas sacerdotales, tiene mucho de sobrenatural, de realzar la figura del torero frente a la bestialidad negra del animal, envuelto en el capote de paseo, la consagración del brindis en la comunicación simbólica con el público, el aroma del tabaco como el incienso que inunda la plaza, enjuagarse la boca antes de iniciar la faena de muleta, equivalente a la ablución o a lavarse las manos como rito de purificación —en todas las religiones se procede a la ablución antes de realizar el sacrificio y es una manera de poseer la fuerza invisible de las aguas (el «agua milagrosa» de los futbolistas)—; el héroe que simboliza la unión de las fuerzas celestes y terrenas, o como, dice Diel Paul, que «simboliza el impulso evolutivo (el deseo esencial), la situación conflictiva de la psique humana, por el combate contra los monstruos de la perversión», alejar esos malos espíritus encarnados en el misterio y la negritud del toro y buscar la regeneración y la pureza tras el sacrificio inmolado. La montera, como el bonete, signo de la soberanía y del poder.

En la corrida impera un gran sentido de la pureza, el festejo está marcado por lo puro aun cuando haya elementos, como los hay, sucios. La ceremonia está impregnada de un aseo especial, manchado únicamente por la sangre de tanto valor simbólico como tiene en el desarrollo del sacrificio. Todo, pues, tiene un aura inmaculada, limpia, en un espectáculo en el que están presentes el toro y los caballos; y los areneros dispuestos en cada momento a recoger excrementos, a no dejar huella de cualquier estigma que aliente una querencia. Los areneros participan en el cortejo con la misión de limpiar y cuidar el templo, dejar el ruedo limpio como una patena.

El blanco se asocia al centro espiritual

Es tradición que el día de la alternativa el matador de toros vista un terno blanco. Los cronistas contarán esa efemérides refiriéndose al toricantano —al que canta misa se le llama misacantano. Espartaco es uno de los diestros que tiene predilección por los ternos blancos. Pero, ¿qué simbología tiene este color?

El blanco, en el mundo de los celtas, está reservado a los sacerdotes. Los druidas también se visten de blanco. Y en la ceremonia de la ordenación de los sacerdotes católicos, éstos visten albas blancas, lo mismo que en las concelebraciones eucarísticas. Tras el Concilio Vaticano II, la Iglesia católica utiliza mucho el blanco, que es el color de la revelación, de la gracia y de la transfiguración, y está muy vinculado al fenómeno iniciático. No es el atributo del candidato que se encamina hacia la muerte, sino el de quien renace victorioso de la prueba, como es el torero concebido en la significación de héroe.

Además, el blanco es el color del candidato, de quien se dispone a cambiar de condición, como es el caso de las mujeres que van a contraer matrimonio (la novia vestida de blanco) y de lo que le sucede al diestro que toma la alternativa convirtiéndose, de esa suerte, en matador de toros: «En los ritos de iniciación —señala Eliade—, el blanco es el color de la primera fase, la de la lucha contra la muerte». Es, pues, la prueba máxima del torero, el inicio de su carrera, el encuentro con el toro de cinco años.

El novillero Manuel Caballero, que tomaba la alternativa en Nîmes, el 21 de septiembre de 1991, manifestaba una cierta inquietud ante su nuevo estado: «Me asusta ser matador de toros, [por] los compañeros, y, sobre todo, me asusta el toro».

Mazzantini, días antes de darle la alternativa a Vicente Pastor, le dijo: «Soy muy gustoso en darte la alternativa.

Pero antes voy a preguntarte, puesto que vas a ser compañero, si has meditado bien el paso que vas a dar, de ser matador de novillos a ser matador de toros».

El pintor Kandinsky piensa que el blanco «se ha considerado a menudo como un "no color" [y es] el símbolo de un mundo donde todos los colores, en cuanto propiedades de substancias materiales, se han desvanecido [...]. El blanco actúa sobre nuestra alma como el silencio absoluto [...]. Este silencio no está muerto, rebosa de posibilidades vivas [...]. Es una nada llena de alegría juvenil o, por decirlo mejor, una nada antes de todo nacimiento, antes de todo comienzo...». Es lo que le ocurre, en cierta medida, al torero, quien, de ahora en adelante, penetrará en un mundo de mayor soledad aún, en una vivencia interior de silencio.

La blancura simboliza el estado celeste y, por tanto, un deseo de acercarse a él. Paradójicamente no está asimilado a la plata, sino al oro. Guénon lo asocia al centro espiritual y al del espacio, ejes del juego del diestro y del toro, allí donde surge la magia de la faena y brota la emoción.

Andrés Vázquez ha preferido siempre para vestirse los tonos blancos, color de la pureza, reflejo de los rayos luminosos, símbolo de la Divinidad y del sacerdocio, que representa la sabiduría divina.

El torero, pues, como hombre que oficia con traje de ceremonia, que juega con la muerte, representa la encarnación de los antiguos sacerdotes de Mitra, y la sangre del toro, la pasión ardiente de la vida.

Ternos ligados a lo eclesiástico

«¡Qué emoción, el vestirse de torero por primera vez! Conmueve al ser humano en toda su extensión —recuerda Pepe Dominguín—. El cuerpo de pronto parece hacerse impersonal, le pertenece menos a uno y más al rito y al público; y el ánima se hace más densa y responsable... Algo así como lo que deben sentir los religiosos que se ordenan en una nueva disciplina, donde el hábito —el signo más deseado y respetable— imprime carácter y, a la par, obliga a muchos respetos. Es algo así como adquirir de repente otra personalidad, como un desdoblamiento, pero sintiendo, sin embargo, las mismas sensaciones de siempre... Domingo [se refiere a su hermano], valiente y tradicional, decide vestirse el grana y oro. Yo, más dado a las elegancias, el blanco y oro, y Miguel, al que le da casi igual un color que otro, un salmón bordado en seda blanca. Santiago Pelayo "Ripollés" es el artista sastre. Entramos en el saloncito de pruebas como en un sagrado recinto, de donde, como por milagro, saldremos vestidos de fulgurantes trajes de luces, que serán en adelante forro y piel de nuestro cuerpo, y el distintivo de nuestra lucha.» Así se siente el momento emotivo de vestirse. Resulta curioso que un guerrero como es el matador de toros use, para medirse ante un enemigo tan fiero, una coraza tan frágil y tan ligera.

La Iglesia utiliza en los oficios divinos los seis colores litúrgicos: blanco, verde, violeta, rojo, rosáceo y negro. Con estos mismos colores acostumbran a «oficiar» cada tarde los diestros con terno de esos mismos colores. Quizá sean el purísima —el azul de la Inmaculada Concepción— y el nazareno los colores preferidos por la mayoría de los toreros.

Ruiz Miguel vestía un terno cardenal en la Feria de Bilbao, el año 1987, y él mismo manifestaba el día de su despedida en Madrid (después ha reaparecido), durante la Feria de Otoño de 1989: «Me vestí de blanco porque ese color es símbolo de pureza. Y eso ha sido todo en mi vida: sacrificio, honradez y pureza.» Sacrificio que le recompensa con vivir en «La Gloria», nombre de su finca

—la misma denominación que tenía la finca de los Bienvenidas en el campo sevillano. «Espero —decía— hacer honor al nombre; algo me lo he ganado.» Como vemos, el diestro habla constantemente de la Gloria, lo que indica, una vez más, el carácter espiritual del toreo, con connotaciones sobrenaturales y que van más allá de lo terreno. ¡Qué casualidad: dos fincas de toreros con un nombre tan singular como «La Gloria»! Eso únicamente sucede en el planeta de los toros.

Cuando Emilio Muñoz surgía como un niño prodigio del toreo, se le conocía como el trianero de la calle la «Pureza». Volvemos a esa aureola límpida, que rodea cuanto sucede en el ruedo durante la celebración de la corrida. Casualmente, «Finito de Córdoba» —ya es delicado el apodo; hubo otro diestro que se apodaba «Finito de Valladolid»— vive en la calle cordobesa de la Plata y los «Dominguines» habitaban un inmueble de la madrileña calle del Príncipe. De lo que se deduce cómo impera lo delicado y majestuoso en un festejo presidido por la violencia y la sangre. Bien es verdad que abundan, o han abundado, los «Gorditos» en la historia de la tauromaquia, pero fíjense qué uso y abuso de lo diminutivo.

Siguiendo con los colores de los ternos, Alfonso Ordóñez vestía en Las Ventas el 13 de mayo de 1989 uno gran poder y plata y, en ocasiones, un penitente y negro y un solemne y plata. Roberto Domínguez ha vestido en Madrid un traje de torear color obispo y oro. Todo resulta, pues, solemne y sacro.

La ostentación del oro les está prohibida a los banderilleros, que, generalmente, utilizan la plata, aunque, últimamente, por razones de precio, se ven en los ruedos muchos trajes de azabache. El oro está presente en las grandes ceremonias de la Iglesia, con las casullas bordadas, por ejemplo. Está vinculado, además, al aspecto místico del sol, como la plata lo está a la luna. Bajo el imperio del sol imprime el torero un sentido espiritual a la faena, lo mismo que cuando «hace la luna».

Juan Belmonte será, una vez más, quien rompa con la tradición de que el matador vista de oro. Y sale a la plaza vestido de plata. Palomo Linares ha sido un matador que, casi siempre, vestía de plata. Ese vestido le hacía más niño. Pedro Castillo también ha vestido de plata en la plaza de Almería, durante la Feria de Agosto de 1991. Y Enrique Ponce llevaba un vestido lila y plata en la Feria del Pilar de 1991.

Muy frecuente es que el diestro vista el color turquesa: muy relacionado con antiguas culturas, con el fuego y el sol: concretamente entre los aztecas, el dios del fuego es el «Señor de la turquesa». El violeta, conocido frecuentemente como morado, es el color del traje del obispo. «En los monumentos simbólicos de la Edad Media —según Fréderic Portal— Jesucristo lleva túnica violeta durante la pasión.» Por otra parte, este color significa obediencia y sumisión. En el mundo del toro es el traje que se conoce también con el nombre de nazareno. Andrés Vázquez vestía un traje de este color en la plaza de Vista Alegre, en Alcalá de Henares y en La Línea de la Concepción. Con él tuvo cuatro cornadas. Alguien le sugirió que lo abandonara por maléfico, y así lo hizo. Con él, una monja hizo un manto para un nazareno.

El rebelde amarillo de «Chamaco»

Ya se sabe la carga supersticiosa que tiene el color amarillo tanto en el mundo del teatro como en el del toro. El origen está, al parecer, en que Molière murió en un escenario vestido de ese color. Pues bien: a pesar de eso, «Chamaco» se ha atrevido a vestirse con un terno con tres clases diferentes de amarillo. Es curioso, pero el amarillo está presente en el traje de luces bajo otras denominaciones: caña, muy utilizado; limón, oro viejo, barquillo, canario. Victoriano de la Serna lo ha vestido también, y otro tanto han hecho Antonio Bienvenida y Curro Romero.

De todos modos, el amarillo es un color muy usado tanto en la plaza de toros como en los engaños: forros de la muleta y vueltas del capote, si exceptuamos un azul muy intenso que llevan algunos matadores en sus capotes.

En la gama de colores, el amarillo es un distintivo rebelde. El diestro Alberto Balderas vestía de amarillo el día de su muerte, y «El Papa Negro» aparece vestido de amarillo y oro en un retrato hecho por Romero Ressendi.

Este color está constantemente en la celebración de la corrida. Según Kandinski, es el más terrestre de todos los colores, el más divino. Triunfa sobre la tierra en verano y en otoño, época esencial de la temporada taurina; se identifica con lo genial (la misma locura de Van Gogh: «¡Qué hermoso es el amarillo!»), con la magia y la excentricidad del torero, vehículo de la fuerza, de la juventud y de la eternidad.

Físicamente responde a la sorpresa, al temor, al miedo, al cambio misterioso de la piel. Es el color de la eternidad reflejado sobre el albero —la arena de las plazas son generalmente de color amarillo, sobre todo en ruedos como el de La Maestranza y otros muchos, con zonas pintadas de un amarillo rabioso en la madera que cubre los huecos de las barreras y en espacios de los tendidos.

El verde: la esperanza de los principiantes

Otro color muy habitual en el traje de luces es el verde y sus variedades manzana, esperanza, botella, esmeralda...

Los toreros tienen sus manías, curiosamente, en todo lo referente al color de los trajes. Fuera del ruedo, Domingo Ortega se tocaba con un sombrero verde, sin embargo en el armario no tenía ningún traje de ese color: «La primera vez que toreé me vestí de verde y me volteó el toro». Tampoco le gustaban ni el nazareno ni el tabaco.

Con el rojo y el verde, Van Gogh expresaba las terribles pasiones humanas. Es el color, además, de la esperanza, de la fuerza y de la longevidad. El que utilizan generalmente los toreros que empiezan, y que ven en él la puerta de la esperanza.

Antonio Ordóñez nunca los vestía. Cuando reaparecía, tras sufrir una cornada, siempre vestía el traje que llevaba la tarde de la cogida.

Victoriano Valencia tampoco vestía ternos color verde botella. Y tenía razones supersticiosas: su abuelo tuvo una cornada grave en Palma de Mallorca con un vestido de ese color; su tío Valencia I también vestía de verde y resultaba herido y, para colmo de desdichas, con un traje similar, su primo Valencia III recibió varias cornadas. Curiosamente su bisabuelo «El Espartero» vestía un verde y oro la tarde en que lo mató el toro *Perdigón*, de Miura.

Para consumar la hazaña de matar doce toros el día 16 de junio de 1960, Antonio Bienvenida viste un traje verde y oro —era muy aficionado a este color— y, por la noche, un verde y plata. La hazaña no llega a consumarse. Bienvenida veía en ese color la esperanza y la fuerza para consumar un hito más en su vida. En la corrida celebrada con motivo de la boda de Alfonso XIII, Antonio Fuentes vestía un heliotropo y oro. Y para debutar en La Maestranza, Vicente Pastor lució un verde y oro, lo mismo que Marcial Lalanda el día de su presentación en Vista Alegre. El primer terno que compró Nicanor Villalta era un verde y oro. Joselito «El Gallo» se vistió de luces como matador con un terno verde y negro.

La trágica tarde de Linares en la que perdió la vida «Manolete», Luis Miguel Dominguín vestía un traje verde y oro. Y Félix Colomo era partidario de vestirse de verde botella, signo de la unión del amor y de la verdad, del afecto a su profesión y con la verdad con que ejecutaba las suertes del toreo.

El grana de los valientes

El rojo es, sin embargo, el color por excelencia, el más habitual en la fiesta de los toros. Curiosamente, no aparece en ningún terno con esa denominación y sí como grana —sangre pichón— y oro, en expresión que me confesara el gran fotógrafo Argüelles. Es el más torero de los colores, el traje de los toreros valientes. «Joselito» lo vestía la tarde de su cogida y muerte en Talavera de la Reina. El diestro valenciano «Fabrilo» vestía también un grana y oro cuando lo mató el toro *Lengüeto* en Valencia, y otro tanto le ocurrió a su hermano Paco cuando un «pablorromero» le seccionó la femoral y lo dejó moribundo sobre la arena.

Es un color el rojo vinculado fundamentalmente a la vida, que encarna la belleza y el ardor, el eros libre y triunfante, la fuerza. «Soy el primer color de la mañana y el último del día» (Alberti).

«Joselito» es símbolo de juventud, también de riqueza y de santidad, en cuanto a la manera de concebir y llevar su vida taurina como si se tratara de un sacerdocio. Todo ello simbolizado por el rojo, color guerrero en Irlanda y de los emperadores en Roma, símbolo del poder supremo, el que el diestro representa en la corrida.

Ha sido el color preferido de Pepe Luis Vázquez: «Siempre he tenido un traje grana y oro. Me he cuidado de que no me faltase nunca. Yo me hice un traje grana cuando era novillero, y le tenía cariño porque siempre que me lo ponía estaba bien. Me daba suerte.»

En la lengua popular, el color rojo está asociado también a la sangre, y ha sido el emblema de los combatientes. En el Perú, los equipos teñidos de rojo representaban a la «gente de guerra». ¿Y el torero, cuando va a la plaza, no va a una batalla, no se encamina a una lucha querida y deseada? Sin lugar a dudas.

La faena bajo el azul

También el azul es un color con solera taurina. Rafael Camino vestía en la temporada del 88 un terno celeste, el más profundo de los colores. Bajo el azul del cielo, cuajan los toreros sus faenas, desarrollan la lidia. Para el pintor Kandinsky, «es a la vez un movimiento de alejamiento del hombre y un movimiento dirigido únicamente hacia su propio centro, que, sin embargo, atrae al hombre hacia lo infinito y despierta en él deseo de pureza y sed de lo sobrenatural». Podría pensarse que el pintor hacía esta descripción pensando en el torero y en la corrida.

En la profundidad del azul —Manzanares lo viste mucho, lo mismo que Sánchez Mejías y su hijo, con alamares negros— ve Kandinsky una gravedad supraterrena, la misma que envuelve todo el sentimiento del torero, un ser hecho paradójicamente para la espiritualidad, que vive constantemente la finitud y la eternidad.

Julio Aparicio, padre, vistió, por primera vez, un azul y oro. No le gustan nada los vestidos de torear grana, ni verde, ni rosa: «Con un vestido rosa, me cogió en Córdoba un novillo siete y ocho veces».

«El Yiyo» vestía un terno azul marino y oro la tarde de su muerte en la plaza de Colmenar Viejo. ¡Y qué casualidad: «Paquirri» vestía un traje del mismo color la tarde de su tragedia en Pozoblanco!

«Bombita» vestía de azul el día de su despedida. En el lenguaje profano, el azul es símbolo de fidelidad y «Bombita» fue, en este sentido, un modelo, siempre fiel y entregado a su profesión. Gracias a él se construyó el sanatorio de toreros.

El negro: un estado de ánimo

Hay quienes ven en la corrida un fondo negro, un dibujo frío y negativo, una visión solanesca, un estado de pasividad absoluta, cierto dibujo de la muerte. Para el pintor abstracto americano Robert Motherwell, «el negro es el color de España». El pintor Saura no aprecia en él, sin embargo, ningún tipo de tristeza. Contemplar el fondo del retrato de «Manolete», visto por Federico de Echevarría, refleja unas naturalezas muertas y el rostro triste del héroe, la mirada melancólica. Otro tanto ocurre con los lienzos de Julio Romero de Torres, o con la pincelada de Solana. Es el toreo como tragedia y no como gozo.

Tal vez el torero, cuando viste un terno de color negro —una excepción, por cierto, y, sin embargo, muy elegante—, siente una cierta desgana, una apatía. El negro, según Kandinsky, resuena interiormente como un silencio eterno, sin porvenir, sin la propia esperanza del porvenir, como un «nada» sin posibilidades, como un «nada» muerto después de la muerte del sol.

«Gallito» encargó un traje azabache y negro para llevar luto por la muerte de su madre, la señora Gabriela. El negro significa, además, tierra fértil, y para celebrar el culto de Plutón, dios de los infiernos, se sacrificaban animales de color negro adornados con cintas. La corrida significa, de alguna manera, el culto al toro, ese infierno terrorífico que sale del toril y que, durante su paso por el ruedo, deja una estela de emociones y siembra la arena de bravura con los colores vivos de la divisa.

Al matador de toros Paco Corpas no le ha gustado, no le gusta, el negro: «Mi padrino de pila era "Carnicerito de México", al que mató un toro en Portugal, el mismo año que a "Manolete". Era yo muy niño y no pensaba, ni mucho menos, que un día sería torero; lo vi actuar en la Monumental de Barcelona y un toro le dio tal cornada que me quedé impresionado. Mi padrino vestía, esa tarde, de negro y oro.»

Al diestro extremeño Juan Mora le gusta vestirlo, y otro tanto le ocurría a Jaime Ostos. «Gitanillo de Triana» el día que debutó en Zaragoza vestía un terno negro, que era de su hermano, el famoso y fallecido «Curro Puya». Ortega Cano suele vestirlo en alguna ocasión y hasta el mismo «Cagancho» lo usaba bastante.

El color de medio luto

Los toreros suelen adornarse también del color gris en el traje de luces. «El Yiyo» se lo puso como quien aprecia en él el primero de los colores humanos, el que descubrimos poco después de nacer. José Cubero vistió, además, un vestido color ceniza en la Feria de San Isidro del año 1985, color de medio luto sin que presintiera el trágico destino que le esperaba. Como expresión de dolor, los hebreos se cubrían la cabeza con ceniza. Este color denota una cierta indiferencia, un estado de reserva, una actitud de pasar con discreción.

Sin embargo, el gris perla representa la espiritualización de la materia, sublima los instintos. Ésta es la tarea del torero cuando convierte el juego con el toro en un arte; un arte de una gran belleza plástica. Ése es el fin del diestro que, como artista, «tiene —según Borges— la capacidad de transmitir emociones propias por medio de la belleza».

El azabache protege del mal de ojo

Actualmente es muy corriente ver toreros vestido de azabache. Los subalternos abusan de él sencillamente por razones económicas, son más baratos. Suelen vestirlos diestros que interpretan el toreo como la más bella de las artes. Y también los toreros supersticiosos, los artistas, como si hubieran nacido en la India, Egipto o Italia, donde el amuleto de azabache, como el de coral, protege del mal de ojo.

No es de extrañar, por tanto, que Curro Romero —que suele vestir con mucho gusto— lo use con frecuencia. Y, otro tanto haga Rafael de Paula, exquisito también a la hora de vestirse, y David Luguillano, impecable. La tarde de su confirmación de alternativa, el día 3 de octubre de 1991, vestía un azabache y verde precioso. También vestían mucho de azabache «El Albaicín» y «Los Gallos».

En Inglaterra, el azabache ahuyenta demonios, tempestades, males de brujos...Y, como piedra negra, simboliza la protección contra los males, además de garantizar la seguridad. No es de extrañar que Curro y Paula, tan miedosos, subconscientemente se apoyen en él como si se tratara de un amuleto.

La iconografía

Ese sentido religioso del torero, esa similitud con el sacerdote, se manifiesta, además, en la iconografía, en el número de medallas que penden de su cuello, en el sentido casi taumatúrgico de los Cristos y las Vírgenes, algunos milagrosos, que salvaron a diestros de la muerte.

Casi todos los toreros llevan estas medallas con un sentido de amuleto, que, sin duda, le confiere al torero una fuerza mágica, «actúa en todos los planos cósmicos [...] establece al hombre en el corazón de esas fuerzas, incrementando su vitalidad, volviéndolo más real, garantizándole una mejor condición después de la muerte».

El torero busca e invoca en la soledad de la habitación y en la capilla de la plaza la protección divina, la fe en el Cristo o la Virgen de su devoción, asociada, generalmente, al lugar de nacimiento, y en esa petición sencilla de las oraciones se incluye, sobre todo, el triunfo.

El diestro practica el rito de santiguarse como lo hace el futbolista, pero más pausadamente, con más ritual, a veces con la propia montera, una vez que se inicia el paseíllo, excepto César Rincón, que, como acción de gracias, se santiguaba, tras uno de sus triunfos en Las Ventas, cuando se retiraba al callejón. No recuerdo a ningún otro torero repetir ese rito con tal intensidad.

Casi todos los diestros son muy devotos de llevar medallas, si hacemos la excepción de «Joselito» y Lucio Sandín. «Como pienso que [rezar] —dice éste— no sirve de nada, prefiero no rezar.» Ahora lleva dos medallas, «pero no tiene nada que ver. Antes llevaba, sin exagerar, quince o dieciséis». Además de medallas y escapularios, los toreros suelen prender del corbatín una imagen, símbolo de protección.

Capítulo XI
El torero, la plaza y el público

* Las zapatillas: «símbolo de afirmación social y de autoridad» * Emoción y magia * La soledad de los toreros * El público y la fiesta de los toros como orgía * El vino, el pañuelo, la montera y la coleta.

Si, como hemos dicho, el toreo es un juego, en el mismo instante de hacer el paseíllo, el torero reparte suerte, hace una invitación a la suerte: «Que Dios reparta suerte», «Suerte, vista y al toro»; invitación extensiva, pródiga, a los compañeros, hecha con el gesto de la mano, generadora de acción para el combate en el espacio del ruedo, durante una ceremonia de iniciación, rito de euritmia y de color, tan rico y sugerente que, a cierto público, lo único que le gusta de la corrida, o lo que más le gusta, es el paseíllo. Otros justifican la pasión por un torero por la manera de hacerlo, como Curro Romero o Rafael de Paula o, más antiguamente, «Cagancho».

Los diestros que intervienen en la corrida se desean suerte; es una manera de «llamar» a la suerte y al animal a participar en el juego donde se juegan —valga la redundancia— la vida. «Me juego la vida —enfatiza César Rincón—, pero eso tiene un morbo muy especial.»

Tras una serie de ritos, el héroe se encamina hacia la

plaza, acompañado de la cuadrilla, para matar al toro. Es un itinerario lleno de misterio y aventura... La presencia en la puerta de cuadrillas, la puerta que se abre para dar inicio al festejo y a lo desconocido, símbolo femenino en el psicoanálisis, lugar de paso entre dos mundos: el encuentro con el ruedo y la luz radiante del sol y las tinieblas del toro.

En el Torana hindú, la puerta significa el paso de la vida a la muerte y de ésta a la liberación. Esto le sucede al diestro durante la lidia, en la plaza, lugar infinito, un círculo. No se puede concebir, por tanto, la arquitectura de una plaza de toros de otro modo que no sea la de una circunferencia, independientemente de que, con esta forma, se eviten las querencias del toro. Excepcionalmente existen en España algunos ruedos de otra forma: la plaza rectangular de Santa Cruz de Mudela, la de Algemesí, la pública de Arganda y la octogonal de Ateca. Podría el hombre haberse inclinado por el rectángulo, la más regular y racional de las formas geométricas y, sin embargo, no ha sido así.

«La propia disposición de la plaza —según Tierno— circunférica y estructurada en círculos concéntricos que gravitan hacia el menor con pesantez e irremediabilidad, contribuye a que el espectador se sienta parte de un torbellino cuyo vértice lo forman el torero y el toro. Es el espectáculo en el que se da la máxima concentración local, visual y psicológica. No hay perspectivas rectas o que se aproximen a la recta como en los hipódromos o en los campos de fútbol; la geometría física y su proyección psicológica es circunvoluta, realizándose en revoluciones que se ajustan al revuelo de capas y capotes. Incluso la faena del diestro tiende a ser circular como corresponde a la tendencia general del espectáculo.

»Dentro de esta estructura, en la que hay un predominio absoluto de las fuerzas centrípetas sobre las centrífugas, el espectador se encuentra sensorialmente predispuesto a la entrega incondicional al acontecimiento.»

Domingo Ortega: «A la tierra no se la engaña»

El diestro, cuando inicia el paseíllo, tiene la costumbre de rozar, con el pie izquierdo o el derecho, la zapatilla sobre la arena, y cuando el viento le descubre el engaño con la muleta, el torero acude a la barrera en busca del mozo de espadas para que vierta agua sobre la franela, y el matador la roza en la arena, símbolo, una vez más, de seguridad. «Manolete» vivía obsesionado antes de la corrida por el viento. Desde que se levantaba, hasta la hora de vestirse, no dejaba de mirar, por las ventanas, las ramas de los árboles, si se movían o no. El viento es el peor enemigo del torero. Tanto en Grecia como en Egipto tenía un aspecto malévolo; los griegos lo consideraban como representante de una divinidad inquieta y turbulenta.

El torero anda por el albero, sobre la arena, con esa fuerza que intuía Domingo Ortega: «A la tierra no se la puede engañar, y en los toros no se puede hacer nada falso. El torero tiene que pisar firme la tierra. Si en el ruedo se hace algo falso, se paga caro. En el ruedo siempre cuenta el contacto con la tierra.» A Andrés Vázquez le gustaba que la muleta rozara la arena, para sentirse, subconscientemente, más seguro ante la cara del toro.

Los areneros eran los antiguos arenarios del circo romano, gladiadores y combatientes; enfermeros rápidos para la cogida, transmiten seguridad a los toreros; son, humildemente, las asistencias, los del quite inspirador de la gorrilla, prólogo al sueño de la anestesia si hay cogida. Según un conocido cuento europeo, un viejo dormía a los niños con arena calentita, que les echaba en los ojos cerrados. El arenero tiene la energía de la arena y el rechazo de la sangre; sepultureros de ésta, con el «hondero» —el que coloca entre los cuernos el lazo para el arrastre del toro— despiden la muerte. Curiosamente, hace años, el piso de la plaza de Alicante se cubría con arena de la playa. Y Agustín de Foxá poetizaba esa arena del ruedo como si fuera la de una playa «llena de peligro hasta los bordes de la barrera y se sabe que se puede naufragar en la muerte».

Con las zapatillas, el torero representa un «símbolo de afirmación social y de autoridad». Para los antiguos, el calzado tenía un signo de libertad, que se convierte en creación para el diestro. La zapatilla, además, participa del triple simbolismo del pie: resulta fálico para los freudianos; en ocasiones con el simple contacto del cuerpo con la tierra. Son esas tardes de lluvia o de tormenta cuando el diestro quiere y pretende afirmar aún más su personalidad y llega hasta a desprenderse del calzado para apoyar mejor los pies sobre el ruedo, con un aire de desnudez y una atmósfera no exenta de un desgarrado clima de tragedia. Los taurinos suelen aplicar el término de «atornillar» los pies, clavarlos, estarse quietos como índice de quietud y valor; quietud que es muy importante en el toreo. En Sevilla, en los años cincuenta, como un novillero en la Maestranza no dejara de moverse durante la faena y, por tanto, rompiera esa quietud, un aficionado gritó desde el tendido: «¡Niño: no bailes, que lo tiene prohibido el Cardenal». Se refería al cardenal Segura, que en esa época había prohibido el baile.

El torero hace el paseíllo. Como héroe, exhibe la soberanía, afirma el poder, que hace ostensible como un guerrero, acompañado de banderilleros y picadores y de cuantos intervienen en el festejo. Las cuadrillas cruzan el ruedo conscientes de la lucha que les espera, y lo hacen de forma pausada, como si pareciese una procesión colorista y acompasada que se destoca —en gesto de humildad y de acatamiento— ante la presidencia situada en el palco, símbolo de la soberanía del rey, poder que venía de Dios.

Cuando comienzan a levantarse las plazas de toros, siempre orientadas al sol, inspiradas en el circo, en los viejos anfiteatros romanos —las hay que se alzan sobre ellos, entre otras muchas, la de Cartagena—, los arquitectos se esmeran en la construcción de la puerta grande y el palco real.

La presidencia: el gran falo

La presidencia, además, representaría el gran falo; situada, como es habitual, entre columnas, posee una conexión fálica y tiene un sentido mágico religioso en la tradición irania. Al ser tres el número de los miembros integrantes de la presidencia —presidente, veterinario y asesor—, esta cifra expresa un orden intelectual y espiritual.

También la presidencia juega un papel de arbitraje, puesto que lleva el orden y obliga a que se cumpla el reglamento. Es más: como una imagen del poder genera, por tanto, violencia y reacción, es receptáculo de la protesta y de las iras del público.

Con la llegada de la masa al espectáculo, y puesto que ésta, a finales y principios de siglo, se congregaba en la plaza de toros —única función orteguiana, generalmente minoritaria en el sentido del número de gente, de espectáculo de masas—, la presidencia aseguraba su poder, y lo ha seguido asegurando hasta hace poco, con la presencia de un piquete de la Guardia Civil, sombra represiva frente al romanticismo del torero, a la aventura del hombre.

La plaza es, para los españoles, lo que Kierkegaard habría llamado el «estadio estético de la existencia», la imagen de España, el microcosmos del cosmos, la Piel de

Toro, el sol y la sombra como dos clases sociales antagónicas: el proletariado y la aristocracia, la nobleza y el pueblo, mientras en los tendidos de sol y sombra se sienta la burguesía, que es el centro, la moderación. La plaza semeja, de algún modo, el hemiciclo de la representación popular y su pulso responde a la temperatura política y social de la vida española. «Manolete» lo expresaba, gráfica y sencillamente, como «lo sosial».

Los políticos de la época de la República elegían las plazas de toros para dar sus mítines y, en la actualidad, las utilizan durante el período de las elecciones. La plaza es, además, como una gran urna donde el público, festejo a festejo, ejerce su democrática acción de otorgar los trofeos mediante la exhibición de pañuelos.

Por otra parte, la plaza puede imitar muy bien una estructura del Estado moderno, una manera de organización representada en este recinto circular, modelo social. En la plaza está reflejada, pues, la visión de las dos Españas, la que cantara Antonio Machado: «Españolito que vienes al mundo / te libre Dios / una de las dos Españas ha de helarte el corazón». La España de «Machaquito» y «Bombita»; la de «Joselito» y Belmonte... La España de dos aficiones encontradas, la España dividida, la España de sol y sombra, la que canaliza las evasiones políticas de la dictadura en los cráteres de los olés y las verónicas, los desahogos personales, liberadora de los conflictos internos. La plaza es el reflejo de la situación social y política del país y hay diestros que encarnan el papel del sistema. Por ejemplo: Domingo Ortega, la República; «Manolete», la guerra y la posguerra; «El Cordobés», el inicio del desarrollo en la dictadura franquista.

«Si yo fuera dictador de España —diría Pérez de Ayala—, suprimiría de una plumada las corridas de toros. Pero entretanto, que las hay, continúo asistiendo. Las suprimiría porque opino que son, socialmente, un espectáculo nocivo. Continúo asistiendo porque, estéticamente, son un espectáculo admirable y porque, para mí, no son nocivas, antes sobremanera provechosas, como texto en donde estudiar psicología del pueblo español.»

Y Ortega afirma de la manera más taxativa «que no puede comprender bien la Historia de España, desde 1650 hasta hoy, quien no se haya construido con rigurosa construcción la historia de las corridas de toros en el sentido estricto del término». Si para Ortega la esencia del hombre es la insociabilidad, el español, acudiendo a la corrida, manifiesta el sentido social de la fiesta: la plaza como ágora festiva y lúdica. Pío Baroja, aun odiando, como odiaba, la corrida, no dejaba de reconocer en ella lo que representaba en la vida social y política de nuestro país.

Ante los toros, revalidamos la sabiduría irracional

El torero desempeñaría en la sociedad el papel de una cierta manera de anarquismo, el vendedor de las ilusiones más lúdicas, más festivas, el depositario de la fiesta, el hombre más festivo. Porque el diestro es un extraño, raro y complejo personaje como todo aventurero: recorre caminos y caminos, bajo la luz de la luna, lado oculto de la naturaleza frente al sol, planeta de actividad ardiente y de vida manifestada, de la que el torero es el protagonista, el que divierte y se convierte con el toro en una comunión con el público, en una orgía bajo la luz y el calor. De plaza en plaza, el diestro, durante el festejo, es el gran representante de la fiesta. «Ante los toros —señala Tierno—, los españoles revalidan la sabiduría irracional de que sólo el aventurero y burlador de la muerte vive de modo superior a los demás.» Y es que la aventura significa la búsqueda del «sentido de la vida», la esencia de las cosas, la lucha contra el mal en el plano ético.

El diez o la perfección

La plaza tiene una enumeración simbólica, una sucesión de números desde el uno hasta el doce. Los güarismos expresan ideas, fuerzas, muy representadas en la fiesta de los toros.

Para Pitágoras «todo está arreglado según el número» y para Platón el güarismo representa la esencia de la armonía de la que se deriva el cosmos y el hombre. De ahí que la plaza sea un reducido mundo que el diestro crea y recrea en el transcurso del festejo.

El estado mágico del toreo nace y se desarrolla en la plaza, sobre el círculo, lugar psicológicamente de la perfección, círculo que corresponde al número diez (Saunier, *La leyenda de los símbolos*), por lo que simboliza, a veces, la eternidad, la perfección, el cielo. Y todo esto está presente en la corrida: el temple como lentitud eterna en la cadencia de los pases. Belmonte se refiere a la fugacidad del arte de torear —hecho éste trágico para Ordóñez. Y en cuanto a la eternidad, la muerte está presente y, por tanto, el sentido del más allá.

Las plazas están numeradas, generalmente, como es el caso de Las Ventas, Albacete, El Puerto de Santa María, Sanlúcar de Barrameda..., del número uno al diez, que es cifra de perfección, según la escuela pitagórica, desde el antiguo Oriente hasta San Jerónimo (Schneider). Posee también el sentido del acabamiento, de la totalidad. Es «la Tetraktys en la que se encuentran la fuente y la raíz de la eterna naturaleza» (Monod-Herzen), lo que se traduce en el toro como fecundidad, animal lleno de vida, y el torero como transmisor de la misma.

Numeradas del uno al ocho figuran, entre otros, los cosos de Burgos, Zafra, Cáceres, Vista Alegre, Linares, Valladolid, Alicante, Talavera de la Reina, Salamanca —en el tendido ocho de esta plaza se acomodan los ganaderos y los entendidos— y la antigua plaza de toros de Madrid. El ocho significa el orden cósmico, símbolo de regeneración. Hay plazas cuya numeración acaba en el doce: Barcelona, Algeciras, Valencia, Jerez de la Frontera. El número doce está vinculado a la idea del espacio y del tiempo.

La plaza «no es comparable a nada»

Nicanor Villalta le brinda un toro al tenor Miguel Fleta en el coso de Zaragoza. «Cuando maté al toro, de la emoción que sintió, se tiró al ruedo y nos abrazamos en la arena, como buenos paisanos. Dimos juntos la vuelta al ruedo. "Esto —dijo Fleta— no es comparable a nada, ya que aquí está uno rodeado por la multitud y en el teatro es sólo de frente".»

Tierno aprecia en el festejo de los toros una serie de características que no existen en otros. «La entrega se produce, pero de un modo peculiar; cobra el carácter de una auténtica embriaguez. Es, para anticipar la tesis y conclusión, una total embriaguez de vida. Estar ebrio de vida quiere decir estar ebrio de ser o, si se quiere, de existencia. En el arrebato, en cierto sentido, es un arrebato dionisíaco el que embriaga al público de los toros, se abren ocultas esclusas, y un caudal inmensurable de vida invade al espectador.»

Emoción y magia

Si existe un lugar para la emoción, un espacio abierto en el que brota la magia, ése no es otro que el de una plaza de toros, eje sobre el que giran el torero y el toro. Sartre habla de esa magia en su *Teoría de la emoción*, que parece inspirada en el cráter de los olés y las verónicas. Si hemos hablado de la existencia de unas situaciones míticas, tenemos que aceptar con el pensador francés «una estructura existencial del mundo que es mágica». «Lo que llamamos emoción es una caída brusca de la conciencia en lo mágico. El retorno de la conciencia a lo mágico es una de las actividades esenciales con su correlativa aparición mágica del mundo. La emoción —añade Sartre— no es un accidente, es un modo de existencia de la conciencia. Una de las maneras cómo la conciencia comprende su ser en el mundo. Hay que hablar de un mundo de la emoción como se habla de un mundo del sueño o de los mundos de la locura. De un solo golpe la emoción se arranca a sí misma, se trasciende, y no es así un episodio banal de nuestra vida sino una intuición de lo absoluto. El hombre —prosigue Sartre— es un brujo para el hombre. Y el mundo es, ante todo, mágico. Hay dos especies de emoción: según seamos nosotros los que constituyamos la magia del mundo o según sea el mundo mismo el que nos revele como mágico nuestro alrededor.»

«Tanto la magia como la religión —según Mario Bunge— afirman la existencia de entes no naturales. Pero mientras la religión piensa lo sobrenatural como prerrogativa de la deidad, la magia pone lo preternatural al alcance del hombre o, mejor dicho, de aquellos seres humanos privilegiados que han aprendido los trucos adecuados. Lo mágico es la versión secular del milagro divino.»

La danza más bella

No es de extrañar, por tanto, que el toreo sea «un ballet con la muerte», en opinión de Foxá; «un baile alrededor de una sepultura», «arte de la danza —según Madariaga—, con sus quiebros y flexiones». La corrida tiene un significativo ritmo; ritmo que juega un destacado papel en muchas circunstancias de la vida, porque, con él, se desarrolla la armonía y, por tanto, como toda danza —pues una manera de danza es el toreo—, representa la magia. La danza, según Zimmer, es una pantomima que tiende a convertir mediante la máscara (traje de luces) al bailarín —en este caso al torero— en dios.

En China es tal la importancia de la danza que ordena el mundo y está vinculada a la pacificación de los animales salvajes. Con su peculiar ritmo, acompasada la embestida del toro con el juego de muñeca del torero, embebido en los pliegues de la muleta, doblegado, conducido por donde él no quiere ir, llegan a «entenderse» perfectamente la racionalidad con la irracionalidad; vamos: que lo pacifica, somete la salvaje embestida. El mismo Platón veía en la danza un origen divino, con lo que se demuestra palmariamente el carácter espiritual del toreo.

Esa danza está presidida, pues, por lo mágico, magia que brota en la arena, fluye sobre ella, emerge como si el torero retornara subconscientemente —versión psicoanalítica— al *regressus ad uterum,* hacia la búsqueda de la seguridad.

En el toreo, además, existe un gran predominio de lo circular, de lo redondo; se torea en redondo —César Girón abusó de lo circular—; la faena es redonda; redondear una faena es conseguirla, significa alcanzar el estado mágico del toreo.

Sentimiento y soledad

En la plaza se conjuga lo dionisíaco con lo apolíneo y el toreo se convierte, de esa manera, en una simbiosis del don de la ebriedad con las formas, un don que el diestro reparte y comparte con el público.

Incluso la tragedia cobra una dimensión especial, un

sentido único, de coro griego con la presencia del público; ningún otro artista resulta tan acompañado como el torero en el mismo momento de la creación. Alguien ha dicho que «sin público no hay arte», y pienso que está en un error. ¿Es que Belmonte, por ejemplo, cuando toreaba solo, a la luz de la luna, no estaba creando arte? Claro que sí; lo que sucede es que, para que el arte sea total, o tenga un sentido social, participativo, necesita de esa participación del hombre, porque sin ella, de alguna manera, resultaría incompleto. «El torero es un artista —señala Luis Francisco Esplá— y el público es el único espejo de su obra. Sin él, todo lo que estás proyectando carece de sentido. El que diga "yo toreo para mí", miente.»

«Un torero —según Chamaco— tiene que torear para el público, que es el complemento del arte. El torero sabe que en el fondo hay muchas personas en los tendidos que están sintiendo lo que uno siente cuando da un buen muletazo.»

Y máxime la obra resultante, que es efímera; «ésa es —según Antonio Ordóñez— una de las tragedias más fuertes del toreo; es lo más trágico», aunque el diestro rondeño no piensa como Quevedo que «lo fugitivo permanece». En esa obra participa el público de manera intensísima, y muy a pesar de la sonoridad de los olés, deja al diestro inmerso en un mundo íntimo, ajeno a cuanto ocurre en el tendido, hasta el punto de sentirse solo. Nada, en suma, puede hacerse sin la soledad. Y el torero, como ser creativo excepcional, es un ser solitario, del que podría decir Baudelaire que sabe estar solo en medio de la muchedumbre, porque sabe poblar su soledad. «El torero —según Rafael Camino— es soledad pura. Está siempre solo: en la plaza, en la habitación, en el miedo.»

Luguillano comparte esta impresión después de torear divinamente a un toro en Las Ventas: «No me enteré en absoluto de la reacción del público. Me acerqué a coger la espada y le pregunté a mi mozo de estoque que cómo iba todo, que qué pasaba, porque estaba tan compenetrado con el toro que me sentía solo y no sabía nada de lo que ocurría a mi alrededor.»

El mismo sentimiento embarga a «Espartaco»: «Una soledad increíble. Estás rodeado de gente y, al mismo tiempo, te encuentras muy solo. Ésos son los momentos más terribles, sobre todo cuando las cosas no están saliendo bien [...]. Ahí sí que te encuentras muy solo delante del toro.»

En una gran faena, Pepe Luis Vázquez perdió la noción de dónde estaba, «la noción de todo. El torero se aísla de la emoción del público; yo me aislaba».

«Cuando toreo para mí —señala Rafael de Paula—, me encuentro muy solo, no puedo decir "ayúdame" a nadie. Si toreo a gusto estoy solo, pero como flotando, y sé que llego a la gente. Me siento solo, pero como suspendido.»

En la catarsis llega a caer Jaime Ostos: «Cuando uno torea, está completamente al margen de todo lo que pueda haber en la tierra».

«El Viti» ha sentido el éxtasis en cinco momentos: «ha ocurrido ese emborrachamiento de sentidos, de pasión, que a lo mejor desequilibra, desentona de la razón...». «En un momento determinado —confiesa Ordóñez— todo esto [los olés] no se oye donde estás. Es como el momento sexual, no oyes nada.»

«Cuando toreo —dice Andrés Vázquez—, pienso que el toro y yo estamos haciendo una cosa importante, que no la hacemos porque nos aplaudan o porque nos chillen. Estamos haciendo una cosa que nos gusta a los dos.»

A Ortega Cano, cuando toreaba en la Maestranza, «los olés del público de Sevilla se [le] metían dentro del alma». Y, para José Luis Bote esa comunicación simbólica entre diestro y público, «la intensidad de la ovación no se oye igual desde el tendido que desde el centro de la plaza. Cuando estás en la arena, los sonidos se concentran y se vuelven más serios, más impresionantes».

Los grandes momentos de su vida los vivió Domingo Ortega en el ruedo: «De lo que pasaba después no me daba cuenta. Era muy difícil tener serenidad para volver la cabeza y escuchar un momento desde fuera los efectos de una tarde de triunfo.»

Una actitud de pasión

La actitud que toma el espectador —según Tierno— no es de acción, sino de pasión, «por lo tanto, es pura afección de la persona que se siente perfeccionada, transbordada a la plenitud. Es, literalmente, "la última plenitud de la pasión", tras la cual sólo caducidad puede haber».

Para Barjola, autor de una sorprendente *Tauromaquia*, las curvas representan la pasión. La curva predomina sobre la recta, aunque en el ruedo se den dos conceptos diametralmente opuestos: la orteguiana horizontalidad del toro frente a la verticalidad del torero. Pero en esa elemental geometría tiene, como decimos, especial relevancia la curva; todo es turgente en el coso.

El público de la época de oro del toreo —la que corresponde a «Joselito» y Belmonte— era más pasional —matizaría que más agresivo— que el actual, quizás porque era más inculto, sin duda lo era, y tenía actitudes verdaderamente virulentas. «Cagancho», por ejemplo, permaneció toda una noche en las dependencias de la plaza de toros de Zaragoza, al abrigo de los impulsos del público, que quería lincharlo, después de una mala actuación. Victoriano de la Serna se quejaba del público de su época: «Tiraban botellas y te esperaban a la salida para "darte". Ahora el público es más correcto, más humano. Antes empeñaban el colchón por las doce pesetas de la localidad.»

«Cuando tenías una mala tarde —según Villalta—, el público arrojaba botellas, monedas de cobre y frutas.» Y es que la psicología del público que acude a los toros es, según Ostos, distinta a la de otros públicos. Ese público vivía la fiesta con más pasión y hasta con más emoción también que el actual.

«Eran corrientes las peñas de abonados —cuenta Cañabate—, la reunión de varios amigos en un tendido, grada o andanada, como tertulia cafetera al aire libre en la que sólo se comentaban los incidentes que se sucedían en el ruedo. Por supuesto, comentarios nunca ecuánimes ni unánimes, siempre polémicos y apasionados, a veces con insolencia, o bien empleando la ironía, a veces con rabotadas violentas, a veces con choteo y jolgorio... pero nunca llegaba la sangre al río. Estas peñas de abonados regían la plaza porque la unanimidad en el juicio con respecto a la actuación de los toreros no existía, pero sí en cuanto a la repulsa de todo aquello que significase menoscabo de la pureza de la fiesta. Entonces todos los aficionados se unían en la protesta.

»En el tendido tres, sol y sombra [de la vieja plaza de Madrid] —concluye—, estaban abonados media docena de amigos, todos ellos burócratas en diversas dependencias del ministerio de Hacienda.»

Del público sabio al "siete"

El velar porque el juego entre toro y torero sea lo más puro posible tiene representantes en los más diversos tendidos. En la Monumental de Barcelona, los aficionados contestatarios se acomodan en el «cinco»; en la Maestranza era conocido el rigor del palco número cinco, en el que presenciaban el festejo Belmonte y sus amigos. Y en Albacete, «El 5» es un grupo que responde así porque se sitúa en dicho tendido. En Las Ventas, en cierta época, en el tendido número nueve, se colocaba una afición entendida y callada. Los entendidos ocupaban el «ocho».

Y en la Feria de San Mateo, en Logroño, debajo de la presidencia se sitúa una peña conocida como la «Peña 21». El número veintiuno es el símbolo de la madurez, güarismo de la perfección en la Biblia. También el grupo contestatario de la plaza de Castellón de la Plana, se denomina «Club grada ventiuno».

En la plaza de toros de Valencia, los ortodoxos, los purificadores y veladores del espectáculo, toman asiento en el palco número cuarenta y cinco —siempre un cinco— y el grupo está integrado por médicos de la residencia sanitaria de la Fe.

La gente que acude al sol es más pasional que la que ocupa los tendidos de sombra. El sol produce más energía —diría, incluso, que más agresividad—, solivianta más los ánimos; el de sol es un público, además, más ignaro y la ignorancia, generalmente, engendra más violencia. También es un público más festivo, los primeros en pedir trofeos y agitar los pañuelos, aunque Belmonte dijera, en su tiempo, que «ellos no lo usan». El espectador de sombra, sin embargo, tiene actitudes más burguesas; es más relajado y protesta menos.

Ahora es en la plaza de Las Ventas el siete —los del «siete»— el tendido de la ira, el de la discordia, los radicales de la plaza, los contestatarios, los increpantes, los provocadores. Simbólicamente el siete tiene, entre otros muchos significados, el de cambio tras un ciclo consumado. Este tendido lo ocupaba un público, generalmente entendido, del que brotaba, de vez en vez, la voz ocurrente y discrepante de un singular aficionado conocido como «El Ronquillo». Con su muerte, este tendido, poco a poco, se ha ido llenando de unos personajes intransigentes, que han llegado a la plaza tras el paréntesis de una época nueva, renovada; han coincidido con la transición política. Y se creen los depositarios de la pureza, los que deben marcar el nuevo rumbo, los que orientan al espectador que apenas sabe, los críticos de voz alta, los primeros en gritar «¡co-jo!, ¡co-jo!» cuando ven aparecer el animal en el ruedo, los que exigen el toro más fiero y grande, los que, por un raro conflicto interno, rechazan al torero generalmente si no interpreta el toreo como mandan los cánones, lo desprecian frente a una fiera de mediano trapío y desprenden la acidez de ánimo con el flamear de pañuelos verdes en una actitud siempre contestataria y contumaz frente a la presidencia.

La exhibición del pañuelo, un acto de rendición

Al igual que en el fútbol, el pañuelo es, según Verdú, en sus manifestaciones de placer o de dolor, letal o lactal. «Establece las distancias por exceso hacia la lejanía infinita de la muerte o hacia la vecindad infinita del nacimiento. No llega sólo como un indicio, sino como un don impulsado por la consumación plena. Brota como un fuego blanco donde el mismo portador es una tea prendida en la calamidad o el gozo. Exteriormente los pañuelos "ondean" pero interiormente "flamean", y esa combustión está asociada a los poderes contradictorios, vivificantes y mortales que trae el fuego. Entre todos los fenómenos —según Bachelard—, el fuego es verdaderamente el único que puede recibir las dos valoraciones opuestas: el bien y el mal, la vida y la muerte. Brilla en el Paraíso. Arde en el Infierno. Es dulzura y tortura. Es cocina y apocalipsis.» La plaza, tras una gran faena, hierve como una gran olla; se cubre de un gran flamear de pañuelos frente a la simple y gran comunicación del pañuelo del presidente.

Cuando se pide la oreja, «la exhibición del pañuelo es, en su sentido completo, una rendición —como señala Verdú—; el símbolo de haber caído por entero en poder del gozo». Es, pues, la rendición ante el héroe, ante la consumación de la faena del diestro.

En cambio, en la actitud díscola de los espectadores del «siete», en Las Ventas, provistos de pañuelos verdes, agitándolos en una actitud negativa, se muestra una amargura que no se disuelve con la ostentación de su discrepancia, una fuerza provocadora que trata de sustraer la propia autoridad del presidente. Con el pañuelo verde tratan de renovar sus anhelos, sus deseos: de devolver el festejo al estado puro, al reinado del toro, a la exactitud de la norma del diestro. Lo mismo que el presidente devuelve un toro al corral cuando exhibe el pañuelo verde y tranquiliza a los espectadores, los del «siete», con ese flamear colorista, no sólo pretenden anular el poder del presidente, sino sustraerlo, reemplazarlo con la contestación sistemática, como si así, en su fuero interno, rescataran lo más puro del festejo.

El camino de esa discrepancia, la vía de la ira tan frecuente en los toros —independientemente del escapismo que existe en todo espectáculo, la eliminación de conflictos—, se traduce en el lanzamiento de almohadillas, «que tiende —según Vicente Verdú— a destruir un mal finito que entenderá la réplica de la violencia. Dialoga con la situación y busca sacudirla confiando en que el trastorno aportará remedios».

Es en los toros en el único festejo —si exceptuamos el fútbol— donde se arrojan almohadillas, signo de la discrepancia. Últimamente lo que debería suponer una situación de remedio ante ciertas malas actuaciones, como las de Curro Romero o de Rafael de Paula, se transforma en una complicidad burlona identificada entre el ídolo y el aficionado, censurando con cierta iracundia —lo que el vulgo llama «morbo»— la presencia falsa de la aureola del ídolo, a la que acude por incapacidad de resistirse a ella. Con ello ejemplariza la destrucción del mito, lo ridiculiza.

Nadie como Curro Romero ha llevado a la plaza una legión de «romeristas», que exhiben en el ojal una ramita de romero, planta que da suerte.

Se dice que el toreo hay que sentirlo, y es así como el festejo tiene, además, un gran desarrollo de los sentidos; se dice que tal diestro «huele a torero» o tiene «aroma», o «perfume», como si el mismo sacerdote (el diestro) portara el olor del incienso, agitara el incensario en el altar de los sacrificios.

Hay anuncios de toreros cuyo dechado de exquisitez raya en la cursilería. En una revista, para exaltar las virtudes de un diestro, se leía: «el aroma del Guadalquivir se fundió con la perfumada arena de Nîmes».

Curro Romero y Rafael de Paula representan la exquisitez del arte de torear, la quintaesencia. Así, al menos, lo reconocen sus seguidores, gente conformista, que les exigen poco: un par de buenas verónicas de Curro les exime de mayores compromisos. Y es un aval para que toree más y tenga garantizadas más actuaciones tanto en la Feria de Sevilla como en otras plazas. Sus partidarios pasan del estadio de la mayor emoción, de la catarsis, al caos más rotundo; pasan del éxtasis a la iracundia, de ahí su agresividad contra el ídolo descompuesto y torpe. Pero entre ambos —el torero y sus seguidores— llega a establecerse una complicidad que tiene visos de tragicomedia.

La embriaguez del espectador

La plena embriaguez del espectador de la que habla Tierno «no es ontológicamente perfecta desde el punto de vista de la persona, porque hay en ella el primado, casi exclusivo, de lo irracional, y la persona no es pura irracionalidad. La persona es también razón. Si me preguntan —prosigue Tierno— en qué consiste la embriaguez de la razón, responderé que en la claridad. La razón embriagada es pura transparencia. De aquí que la embriaguez que pretende a toda esa unidad de vida que es la persona, prenda a la razón en su modo peculiar de embriagarse, la claridad. La vida exultante que nos embriaga dando a la razón la máxima diafanidad sólo aparece en privilegiados momentos; en los segundos que preceden a la muerte, en las circunstancias de máximo peligro».

De cuantas personas hay en la plaza, únicamente el torero está en una embriagadez total; embriagadez que no ha de restarle la «lucidez que se produce en presencia de la muerte; ante la parusía de la muerte». «El espectador de los toros —según Tierno— percibe tal autenticidad y ve la fiesta como la verdad, sin ambages. De aquí que acudir a los toros sea un acto de brutal sinceridad social, que nos delata, en cierto modo, ante los demás.» Acudir a los toros tiene mucho, si no todo, de un acto primario: de descubrir la lucha del torero contra el toro. Es una fiesta primitiva, perfeccionada con el paso del tiempo y la selección de la fiereza del toro. Es, además, una fiesta comunicativa, participativa, discrepante, un foro donde se discute y cuestiona la actuación del torero y del toro. Es una fiesta única, distinta, diferente, mágica, hecha de un silencio religioso como el que se percibe en la Maestranza, en cualquier plaza, con un previo siseo a la actuación del diestro; la sorpresa abierta al inicio de la faena de muleta, es el preludio de un gran acontecimiento. Paula prefiere que la gente guarde «total silencio». «Me desencajan las voces y el griterío a destiempo. A veces pierdo los papeles por culpa de palabrotas injuriosas que no vienen al caso. Si ellos guardaran silencio y supieran esperar, habría mayor oportunidad de que las cosas resultaran mejor. Pero el público no sabe esperar...»

«En ese "silencio religioso", ve Savater una sacralización del arte, "de corte protestante, intimista, interiorizada". El "silencio religioso" muestra que uno se "concentra" en sí mismo y se "fija" en lo que ocurre en el escenario o en el ruedo. Al concentrarse en su propia subjetividad, el espectador se descabalga de la comunicación con los otros, es decir, se aparta de la fiesta: el tú a tú con el dios no acepta la mediación participativa de la colectividad de los fieles; al fijarse en un solo punto rompe con la deriva hacia las respuestas de los otros, a las muestras de exaltación o abatimiento que se dan a su alrededor, es decir, sólo la propia e independiente conciencia puede juzgar la calidad de lo que se le ofrece, rechazando las influencias externas. Ciertas formas de religiosidad han excluido tal ensimismamiento del espectador y, desde luego, los más populares espectáculos artísticos no la conocieron por lo menos hasta el romanticismo: no fue un silencio religioso ni un coro de espectadores ensimismados lo que rodeó la representación de las tragedias griegas o de las obras de Shakespeare, ni tampoco a las óperas de Mozart o las faenas de Pedro Romero».

«El silencio abre un pasaje»

Por otro lado, el silencio forma parte, muy importante, del rito de la corrida. El silencio, preludio del anuncio a una esperada buena faena; la apertura, simbólicamente hablando, a la revelación. «El silencio abre un pasaje, el mutismo lo corta.» Los grandes acontecimientos están envueltos en el silencio; la espera de la gran faena también. Existe una cierta majestad y expectación en el público instantes antes del inicio de una gran tarde, se pide silencio para que el torero nos revele el arte, pero si el resultado de la faena ha sido anodino, reinará un mutismo decepcionante en los espectadores, cuando el diestro se retira al callejón; el silencio es una manera anodina de juzgar una faena, un sentimiento de indiferencia, frío, de callado desprecio, como si no hubiese ocurrido nada, absolutamente nada; como si el diestro se hubiese convertido en su sombra.

Frente a esta actitud, surge la rebeldía del silbido, la manifestación más primaria de rechazo hacia el torero. Silbamos cuando queremos atraer la atención de un animal, por tanto es símbolo de desunión y desprecio hacia una actitud humana, que, en este caso, corresponde única y exclusivamente al torero.

El silencio es una reacción muy taurina como lo es la bronca, expresión colectiva de los aficionados, desaprobación radical de todos, ruptura de la comunión entre el torero y el público, manifestación oprobiosa representada y transmitida en la bronquedad como un estado de violencia controlada. Bronco es el toro descompuesto; bronco, con la sonoridad de la bronca, el aficionado espera la creación del torero. Y surge la bronca como disconformidad y enfado. Antes eran monumentales; ahora no se abronca tanto, se abuchea, que es término más chulesco y macarra. Aquellas broncas a Pepe Luis Vázquez, a Antonio Bienvenida, a Julio Aparicio. El mexicano Garza salía al ruedo a recibirlas mientras se tocaba los atributos viriles de los que, según la afición, carecía; esas broncas a Procuna y a «Cagancho», siempre a los toreros artistas que han protagonizado «esa monumental bronca», eco sonoro de la monumentalidad de la plaza que se escuchaba pasada la plaza de Manuel Becerra, y después el torero, en un momento dado del festejo, trataba de reconciliarse con ese público mediante el «quite del perdón» —sentido religioso de no haber cumplido como Dios manda—, con lo que las aguas volvían a su cauce.

Con la espada, el diestro coronará su gran tarea. La premiada con las orejas y el rabo, símbolo abstracto del animal, principio y fin del toro, símbolo de la comunicación, rito de transmisión festiva con los espectadores, de ostentación alegre del diestro al mostrar los trofeos y participar su triunfo con el público, cuando los arroja al tendido o los guarda, celosamente, como si se tratara de una reliquia —una vez más, el sentido religioso. En África, la oreja simboliza animalidad y un doble símbolo sexual tiene para los dogon y los bambara.

Hay mucho de religioso en la conservación de los trofeos, no sólo las orejas, sino también la cabeza, ya disecada, del toro del triunfo, hecho que recuerda, salvando distancias, a los cazadores; símbolo de triunfo, superioridad y muerte.

De la orgía a la frustración

Y frente al relieve de la faena, su culminación, con la plaza convertida en una orgía, un frenesí, o la frustración más absoluta. Esta psicología del espectador, este sentimiento, que brota de su estado de ánimo, se refleja en un dicho muy habitual y enfático: «¿Dónde vas? ¡A los toros! ¿De dónde vienes? De los toros.» Respuesta melancólica, cansina, de derrota. Sucede también con las corridas que despiertan gran expectación. Y se suele decir: «Corrida de expectación, corrida de desilusión». Son esas tardes en que la plaza se llena hasta la bandera —insignia que representa un signo de victoria y autoafirmación— que ondea en los cosos. En esos festejos, el público de sombra, rico y burgués, ostenta, manifiesta su alegría, con el clavel rojo en el ojal.

El público de la plaza necesita —según Savater— que triunfe el torero, pero está dispuesto a hacer valer los derechos del toro cuanto se precise para que tal victoria se cumpla del modo debido o se consume la tragedia que la prestigia. Claro que hace valer los derechos del toro; de lo contrario se irrita, es iracundo y, si exceptuamos al espectador de fútbol, no hay público tan irritable y violento como el que asiste a los toros. Se siente frustrado enseguida: una vara de más del picador, la falta de trapío del toro, la sospecha de afeitado... Todo lo que vulnere la norma, resulta contestado inmediatamente.

Existe un ferviente deseo del público para otorgarle las orejas al torero a nada que realice una faena más que discreta. De ahí, tal vez, una de las razones del radicalismo de ciertos espectadores que necesitan una faena más emotiva, con el toro-toro, para que la embriaguez haga efecto en ellos. De ahí también su puritanismo.

«La fiesta es —según Tierno—, particularmente, extroversión. Cada uno está en presencia de los demás y los demás en presencia de cada uno. Precisamente esta apertura a la crítica confiere a los toros la peculiaridad de ser el acontecimiento de mayor contenido axiológico. En cierto sentido la fiesta es una continua apreciación y valoración.»

El vino, vinculado a la sangre y al sacrificio

«La tauromaquia es —para Savater— una permanente orgía en la que ninguno de sus participantes puede permanecer sobrio.» El torero es, por sí mismo, un ser orgiástico, entregado a lo dionisíaco, a la creación sorprendente, a lo mágico. El público participa de ese entusiasmo. No digamos cuando acude a la plaza bajo el rito de las peñas, el estruendo de las charangas ocupa los tendidos con un sentido sorprendentemente festivo, la bota de vino como gran símbolo de comunicación, alegría compartida cuando el torero da la vuelta al ruedo y alguien se la ofrece para que beba; vino que está vinculado a la sangre y al sacrificio, que simboliza la juventud y la vida eterna; alegría en la tradición bíblica, sacrificio entre los hebreos.

«El vino del sacrificio es —según Saint-Martin— el agente activo y generador de la gran obra.» Es, pues, la consumación de la faena. Subconscientemente, cuando un espectador le ofrece vino al torero, está premiando su sacrificio, le está animando a que cree una gran faena. De hecho, el torero, con un gesto, suele señalar que al otro toro que le resta por lidiar puede, si no repetir el triunfo, incrementarlo.

Pero es que en la orgía de la plaza no falta la comida. En Pamplona se come en el transcurso de la corrida; en Almería se interrumpe el festejo a la muerte del tercer toro y se merienda opíparamente y este mismo rito se hace en otras muchas plazas como la de Granada. En Las Ventas ocurre otro tanto durante la Feria de San Isidro, tanto en el tendido como en los palcos de la plaza. La gente come y bebe.

La orgía significa un retorno al caos y, por otro lado, un retorno a la fuente de caída en las fuerzas elementales de la vida. Simboliza un violento deseo de cambio, pero inspirada por un deseo de huir de la trivialidad, lleva a una trivialidad aún más profunda, la de la vida instintiva. De ahí ese cambio que origina la corrida, que transforma la cotidianidad, rompe la costumbre monótona de la existencia. ¿Qué ocurre, por ejemplo, en Pamplona y en todas las ferias? ¿Y en San Isidro? Que hasta los *yuppis* cambian sus hábitos diarios. Y lo mismo sucede en las demás ferias, en otras plazas.

De todos modos, el público de provincias es más festivalero o festivo que el de Madrid. De esta plaza se habla con una adjetivación de seriedad, seriedad que, sin embargo, se ha ido perdiendo en el transcurso de los años en otras plazas. La fiesta, con la llegada del turismo, ha tomado otros colores, un rumbo muy distinto, se ha adulterado. La Monumental de Barcelona era, antes de la llegada de extranjeros, una plaza seria, ahora convertida en una plaza turística, y esto mismo ha ocurrido con otras muchas. El turismo ha «universalizado» los toros, les ha quitado pureza, les ha restado algo tan importante como las formas del rito cuasi religioso. Y es que, en la corrida, hay que saber estar y saberla vivir; el turismo, en cierto sentido, la ha vulgarizado.

El público, visto por los toreros

Jaime Ostos no cree en la orgía: «El público en general es coqueto y burlón. La masa va a divertirse [...]. Y el toreo no es una cosa de diversión, sino de sufrimiento.» «No percibe el público todo lo que debería percibir —piensa Antonio Ordóñez—. Puede ser, no injusto, sino masoquista consigo mismo. No aprovecha todo lo bueno que hay allí [en la plaza] para ver; se maltrata él sólo; ésa es la verdad.»

«Siempre he procurado —confiesa "El Cordobés"— que la gente y yo vayamos todos bien. Además, conmigo el público lo ha vivido de verdad, porque sabe todo lo que ha costado, y por dónde he pasado. Es como si estuviera conmigo corriendo por los cerrados.

»Ha sido en el arranque una batalla noble, solitaria, pero luego acompañada. Había ese acoplamiento con la gente, porque yo iba luchando por la vida. Lo mío ha sido una masa unida. ¡España entera ha estado de maletilla, y ha toreado por los cerrados con "El Cordobés".»

«En la plaza —según Luis Miguel— el público tiene una psicología muy especial. Ese mismo público, en un local cerrado, sería más templado, porque se sentiría más localizado. Al aire libre siempre tiene más peligro. Al aire libre la gente se siente más suelta, y se desahoga. Otros tienen afán de ser actores y de figuras: se levantan en la plaza para que se les vea, y chillan para hacerse notar. Ésos suelen llevar un traje claro, y un clavel en la solapa y van siempre a la misma localidad, para que se diga cuando aparecen: "Ya está fulanito, el del clavel, el del siete".»

El tabaco... el sombrero, símbolo de identificación

Rito previo a la corrida, rito del aficionado es el de la copa y el puro, rito lento a pesar de la prisa de la época actual, puro fumado con placer, ceremoniosa, alegremente en el transcurso de la función. El habano o el farias forman parte del rito y de la alegría y así veían los indios tupinamba de Brasil algunas de las propiedades del tabaco, además de la de avivar la inteligencia. Con el humo del tabaco un mago, tras soplarlo sobre los guerreros, decía: «A fin de que dominéis a vuestros enemigos, recibid el espíritu de la fuerza». Ese humo, sin duda, está incidiendo en la faena del torero. El humo, como señala Frazer, ahuyenta las desgracias de los hombres. Cuando los taurinos dicen que «las palmas echan humo» están dando a entender la alegría del público y la sublimación de la orgía.

Los tendidos de la plaza los cubre un público abigarrado y colorista, un público que, a lo largo de la historia del toreo, se ha identificado hasta en la manera de vestir sobre las piedras del tendido. Antiguamente se tocaba con sombrero, el famoso *cannotier*. El sombrero es un símbolo de identificación, que demuestra una actitud común de cuantos acuden al festejo. Simboliza también el pensamiento y la cabeza.

El aficionado no sólo se limita a dar rienda suelta a la emoción, cuando ésta llega, sino que piensa y medita el comportamiento del torero y del toro. También simboliza el sombrero la superioridad. El diestro está en el ruedo, celebra sobre él la realidad mágica del toreo. La barrera ya es una realidad terrena, o bien la realidad superior a la que se quiere acceder; el callejón forma parte de un rito iniciático; es, en cierto modo, un espacio intermedio entre el cosmos mágico del ruedo y el caos del público; un lugar de refugio y de espera, sitio de reclamo cuando, tras la faena, el público solicita su presencia reiterativa como la de un director de orquesta. El torero siempre está en escena, a la vista del público, durante toda la función, bien sea cuando está toreando o no, en el callejón. No tiene camerino como el actor ni vestuario como el futbolista, por citar algún ejemplo. Siempre está presente sin bambalinas ni candilejas.

Cuando el torero hace un gran quite, ejecuta un gran lance, clava un buen par de banderillas, realiza, en fin, una gran faena, caen los sombreros a sus pies, el espectador ha rendido así su superioridad ante el diestro, se la otorga, manifiesta su admiración. Es lo que gráficamente se dice «Quitarse el sombrero». Así ocurre con todo tipo de prendas y objetos hasta el ramo de flores rojas, que representa la fugacidad y la belleza de la faena. Es una manera de «coronar» al héroe como hacían griegos y romanos en sus fiestas. El ramo de flores rojas significa también una cierta identidad con la vida animal, la sangre y la pasión que el diestro acaba de vivir.

Últimamente, se les llega a arrojar hasta prendas íntimas de mujer o animales de indudable alegoría sexual: el conejo, o un gallo, símbolo solar y representación orgullosa.

El abanico ahuyenta a los malos espíritus

Entre ese público que asiste a la corrida figura la mujer. En los carteles aparece su imagen con un abanico. Antes era muy frecuente que lo llevara, ahora menos, pero lo sigue llevando. Siempre ha sido un elemento muy representativo de la corrida: levanta una brizna de aire, mitiga el calor, el sofoco que reina en la plaza. Subconscientemente, el abanico ahuyenta a los malos espíritus. Los chinos así lo utilizan; y los japoneses se protegen con él de las perniciosas acechanzas. Inconscientemente, las mujeres ¿no están expulsando de la plaza a los malos augurios que puedan concurrir sobre el diestro? ¿O están atizando, como hacen los hindúes, el fuego creativo que brota en la arena, símbolo del sacrificio ritual?

Los taoístas ven en el abanico la figura de un pájaro que emprende el vuelo hacia el país de los inmortales. ¿No es el mismo país de la gloria de los toreros, el paraíso de los héroes? El que cantara con sus versos Adriano del Valle: «Morirás sobre la arena..., volando se irá tu alma, no te servirán las piernas».

Puede suceder que el agitar el abanico coincida con ciertas fases de la luna. Entonces tiene un cierto sentido erótico.

Lo siniestro es noble

En la corrida hay un hecho que pasa desapercibido para la mayoría del público. ¿Por qué el espada más antiguo inicia el paseíllo en la parte izquierda? ¿Por qué los toreros en la suerte de varas se sitúan a la izquierda del caballo? ¿Por qué el diestro da la vuelta al ruedo caminando hacia el lado izquierdo, si exceptuamos en la Monumental mexicana, que la dan hacia el derecho? ¿Por qué una faena tiene un gran valor cuando el espada torea con la mano izquierda? Se supone que la derecha tiene su importancia: el estoque se utiliza con la mano diestra en la hora de la suerte suprema, el picador realiza la suerte con la mano derecha, «el lado del que blande la lanza», según Esquilo en *Agamenón*... Todo es destreza en el arte de torear, incluso el torero es el diestro y no el siniestro, procedente del latín *sinister.*

¿A qué se deben esas excepciones de la izquierda? Para el doctor Jaffé, en las civilizaciones mediterráneas anteriores a nuestra era, la izquierda representaba la dirección de la muerte. El torero afirma la vida, aunque corra el riesgo de la muerte, camine hacia esa dirección. En el acto triunfal de la vuelta al ruedo, el diestro participa de la alegría del público y de la suya, la comparte. La mano izquierda, según todos los taurinos, es la que mata, «la de la verdad», aunque, en realidad, sea la derecha la que hunde el estoque en el morrillo del animal. Según Lao-tse, «la izquierda es el sitio de honor en las horas faustas». En la cultura china, pues, la izquierda tiene un gran predominio sobre la derecha: lo siniestro es noble.

Y en la tradición japonesa representa la sabiduría, la fe, el instinto.

El torero busca siempre la superación. Como buen héroe —«el Yunnan nace del costado izquierdo de su madre como todos los héroes y los santos»— ha de buscar el lucimiento con la izquierda. Entre un pase en redondo y un natural existe una gran diferencia; el natural posee una gran belleza y una difícil realización. Las grandes faenas se construyen, generalmente, a base de naturales, rematados con los pases de pecho. Tener una buena mano izquierda es, según los taurinos, un aval bancario, abrir la puerta del Banco de España.

La montera o la realización de los deseos

El diestro se toca, además, con la montera para oficiar el rito. Representaría, de algún modo, el bonete que usaban los sacerdotes antes del Concilio Vaticano II. Independientemente de las costumbres de la época, este curioso sombrero representa un símbolo de superioridad, de aquí la expresión de «ponerse el mundo por montera», que significaría la glorificación del torero como héroe. Si ante una gran faena el público se rinde y «se quita el sombrero» —hoy día se acuña el galicismo *chapeau*—, el matador lleva bajo la montera el pensamiento y la realización de los deseos del público. Todos los conceptos colocados bajo un solo sombrero —como dice una expresión alemana— no es otra cosa que delegar en el torero lo que quieren los espectadores: depositar en él sus deseos.

Los taurinos suelen hablar de tal matador como que lleva el toreo en la cabeza. Para soslayar una pregunta capciosa, Curro Romero respondía: «No tengo sino toros en la cabeza».

La montera marca una superioridad, distingue la personalidad del torero; no es el castoreño del picador. El diestro se la cala con rito hasta las cejas como si no quisiera perder ningún pensamiento, antes bien concentrarlos todos. Antiguamente los matadores realizaban la faena con la montera puesta; hoy día, salvo Luis Francisco Esplá, los matadores la realizan desmonterados.

Gil Calvo ve en la montera una explicación militar. Es el yelmo, el «morrión», elaborado simbólicamente con piel de «morrillo», que utiliza el diestro en su lucha contra el toro. «Al igual que la muleta y el capote —señala— son el escudo y el broquel que defienden de los ataques del animal, la montera representa el casco [y el traje de luces la armadura] del guerrero que blande la espada.»

La montera representa, además, cuando el diestro así lo

cree oportuno, el ofrecimiento del sacrificio. Cuando intuye que un toro tiene faena, inicia los pasos del rito. Se sitúa en el centro del ruedo, gira sobre sus pies, describe un círculo y ofrece, lo mismo que el sacerdote en la ceremonia de la consagración, las dichas del sacrificio que se dispone a realizar. Es el acto del brindis.

Brindamos siempre en busca del bien, de la felicidad; tocamos una copa con otra para compartir la alegría, pedir un deseo. Entre el torero y el público se establece, en ese momento, una corriente espiritual; los dos desean celebrar la alegría de la gran faena. El brindis es, para Ponce, «un agradecimiento», la generosidad del diestro que dedica «un trabajo que abarca la intensidad de lo efímero —según Arévalo y del Moral—. El regalo más sentido es aquel que sólo dura un instante. El toreo brindado pone la vida del hombre en juego, derrama su creación en el aire, y oferta la muerte inapelable de un toro que guardó su bravura virgen para expresarla en el breve tiempo que dura su lidia». Es, pues, un rasgo de suprema generosidad, porque en el brindis el diestro ofrece su propia vida, la inmola. En el hecho de cómo caiga la montera sobre el albero, cuando el torero realiza el brindis, surge una circunstancia muy habitual en la idiosincrasia de los toreros: la superstición.

Superstición

Los individuos que ejercen profesiones arriesgadas son, generalmente, supersticiosos. Es una manera de agarrarse a algo que les ayude en el misterio, repetir la suerte que tuvieron con tal traje, rechazarlo por la desventura de una cogida o una mala tarde. La superstición es una manera de atrapar el azar, lo bueno del azar, aquello que nos da suerte. Hay banderilleros que, antes de iniciar el paseíllo, agarran, «tocan», la madera de las tablas.

El ritual religioso está íntimamente mezclado con lo supersticioso: santigüarse lo mismo que los futbolistas —éstos más reiterativos y rápidos. Se dice que Rafael «El Gallo» no iba a la plaza si en el camino se le cruzaba un gato negro. «Un gato negro, un sombrero encima de la cama, una tijera abierta, pasar por debajo de una escalera, son cosas —según Paula— que no son agradables de ver; son antiestéticas. También sé que todo me va a salir mal si me regalan una caja de pañuelos o una navaja, si se derrama aceite en la casa o si me dan unas tijeras. No hay que ser torero para eso, todos sabemos que hay días en los que todo te va a ir de cabeza y que no deberíamos levantarnos de la cama.» Cuando la montera queda boca arriba, la imagen queda distorsionada, rompe la armonía de las formas. Luis Reina no consiente que pongan la montera encima de la cama.

La coleta o la fuerza de la virilidad

Debajo de la montera, el diestro lleva la coleta, hoy un sencillo añadido al pelo. Antiguamente, era de gran uso y prestigio del diestro, un delicado rito; el matador exhibía la coleta gallardamente en la calle. A finales del año 1914, Juan Belmonte, «El Pasmo de Triana», suprime la coleta de cabello natural. En esa época, cuando un muchacho quería ser torero, lo primero que hacía era dejársela. «Todos los toreros de mi tiempo —contaba Marcial Lalanda— teníamos coleta. Yo la dejé crecer a los once años; pero me la corté antes de ir al servicio militar, para evitar que me la cortasen allí.»

Si el sacerdote llevaba la distinción de la tonsura, símbolo de gran humildad, el torero exhibía, como ostentación, la gallardía de la coleta. En el mito bíblico de Sansón, el cabello representa la fuerza y la virilidad. «El

Cordobés», popularmente conocido como «El Melenas», debido a su cabellera opulenta, estaba representando, con sus actuaciones en los ruedos, una alegría de vivir y una fuerza que se unían, sin duda alguna, a su ansia de triunfo, y si además, como era su caso, sus cabellos eran dorados, se identificaban con los rayos solares. Los chicos que empiezan a torear, generalmente con abundante cabellera, simbolizan la fuerza primitiva. Hacia la década de los setenta, Simón, un torero de Ronda, llevaba con orgullo su coleta como un símbolo de identificación.

Cortarse la coleta era todo un rito. Significaba la despedida, el último adiós, la retirada. Durante la ceremonia, toda la cuadrilla y cuantos habían participado en la corrida rodeaban al diestro en un emotivo ritual —hay una fotografía en la que puede verse a «Lagartijo», sentado en una silla, alguien que le corta la coleta, y gente que contempla el acto. Con el corte de los cabellos, el matador de toros corresponde no sólo a un sacrificio, sino a un acto de rendición; es la renuncia, a veces voluntaria, otras impuesta, a su propia personalidad. El diestro, social y espiritualmente, ya dejaba de ser matador de toros.

Ese mechón de cabellos, que no otra cosa era la coleta, aparece en los musulmanes como un signo de relación potencial con el dominio suprahumano y la superación de la individualidad. El diestro, en la corrida, cobra esas características, diluye la individualidad entre el público, se identifica con él, ambos llegan a compenetrarse.

Había toreros que conservaban sus mechones, una vez cortada la coleta. Y guardaban los cabellos como si se tratara de una reliquia. Con ello no sólo se perpetuaba un recuerdo, sino que se revelaba un deseo de hacer sobrevivir el estado de la persona que los llevaba. Los toreros se sienten matadores de toros toda la vida; nunca renuncian al estado más mágico que vivieron: la presencia activa en el ruedo.

Capítulo XII
Rito y simbología de la corrida

* El sentido bélico y sagrado de la fiesta * Timbales y clarines y su significado * Picadores y banderillas * La música, o la atracción de la muerte * El poderío de la espada * El torero como «maestro» * La figura del apoderado.

Timbales y clarines anuncian el inicio del festejo. El timbal está asociado a la emisión del sonido primordial, vehículo de la palabra, de la tradición y de la magia, origen de la manifestación —que es cuanto acontece en la corrida—; el timbal tiene unas notas, distintas, según las plazas, que abren el inicio de la función y señalan los distintos pasajes de la lidia. Tan es así que si está sonando la música y el diestro se dispone a entrar a matar, éste, con un gesto, pide que deje de sonar la música, a la vez que suena un sonido de timbal o de bombo.

Con la ayuda de timbales, los chamanes (hechiceros) procuran el éxtasis, expresión que se da, en ocasiones, durante la corrida —recordemos, una vez más, que para Belmonte y otros diestros torear significa un ejercicio de orden espiritual. Y en éxtasis entran toro y torero cuando se encuentran a gusto en el juego, cuando se identifican en esa gran faena. Y esa simbiosis la transmiten al público; de lo que se infiere que cuanto acontece en el ruedo tiene una manifestación espiritual.

Según Schneider, los tambores transmiten más ideas místicas; misticismo que también se refleja en las faenas de los toreros, en el sonido del pasodoble donde siempre suena un tambor. En esa creación, es tal el grado de misticismo del diestro, de elevación espiritual, de levitación, que Ortega Cano, en la Feria de Sevilla del año 91, llegó a compenetrarse de tal suerte con un toro, que los dos se fundieron en un breve pero eterno momento mágico. «Nos metimos uno dentro del otro y la faena estuvo dirigida por nuestros sentimientos.»

El sonido recuerda el altar de los sacrificios

En cualquier cultura, el sonido del timbal recuerda el altar de los sacrificios, y ¿qué es sino el ruedo durante la corrida más que un improvisado altar y, por tanto, media entre el cielo y la tierra?

En la antigua China, el sonido del timbal está asociado al recorrido aparente del sol, que va desapareciendo de la plaza a medida que transcurre el festejo. Para los maya-quiché tiene el timbal un poder de muerte y de fecundidad, hechos que intervienen en la corrida con el toro como portador de muerte y, a la par, de fecundidad. Es, asimismo, símbolo de fecundidad en Sudán central y oriental. En África, este sonido está muy vinculado con los acontecimientos de la vida humana y significa el eco sonoro de la existencia. Si existe un espectáculo relacionado con la vida ése no es otro que la función de toros, fiesta en la que el diestro afirma la vida a través de la muerte.

El clarín anuncia la batalla

Otro tanto puede decirse del clarín, que asocia el cielo y la tierra en una celebración común. La corrida no es más que una celebración mágica y comunicativa, bajo la inmensa bóveda celeste del firmamento. El clarín anuncia, también, el comienzo de una batalla y el carácter sagrado de la misma. La corrida posee ese planteamiento guerrero, de lucha entre el hombre y el toro, un combate entre la racionalidad y la irracionalidad, una contienda, al fin y a la postre.

El clarín tiene, pues, una simbología de comunicación y anuncio: indica el inicio de la función y el cambio sucesivo de los tercios, sonido guerrero y de lucha en la misma incidencia del paso de una suerte a otra. Son muy conocidos los dos clarines de la plaza de El Puerto de Santa María, plaza en la que, por cierto, no existen timbales. Otro tanto ocurre en el coso de Sanlúcar de Barrameda, en el de Jerez de la Frontera, en el de Castellón de la Plana.

El picador o el carácter bélico de la corrida

En esa batalla que es la corrida, el torero sale al combate acompañado de su infantería y de su caballería. Como el antiguo caballero, el picador no es un soberano; es un sirviente al servicio del matador. Renace el sentido guerrero de la lidia con un subalterno subido a la cabalgadura del caballo, símbolo de los deseos exaltados. El picador está sometido a no pasar de los dos círculos marcados con cal, círculos que corresponden a la energía y a los influjos celestes. Es un rito iniciático. Si se traspasa una de las rayas, se transgriede la norma.

La suerte de varas contiene un elevado componente de erotismo. Y la acción del piquero es un acto puramente fálico. El varilarguero penetra con la vara en el morrillo del toro, aproximado al hoyo de las agujas; es éste, además, un acto de liberación, un encuentro emotivo en el que se observa la bravura o la mansedumbre del toro frente a la femineidad del caballo como muy bien lo cantara Miguel Hernández: «Como el toro bravo/ me crezco ante el dolor y ante el castigo...». Es, sin duda, uno de los instantes más solemnes de la corrida, con el derramamiento de la sangre violenta, el toro que acepta el juego con la manifestación de la bravura —que no es una rendición, sino todo lo contrario— y no cuando repucha o sale suelto o huido, que proclama su mansedumbre y no pretende jugar.

Jung se pregunta si el caballo no simbolizará la madre, y no duda de que expresa el lado mágico del hombre, la «madre en nosotros», la intuición del inconsciente.

La corrida tiene, pues, con estos elementos, un sentido bélico, de lucha. En la guerra, el caballero intentaba espiritualizar la acción del combate, el ser que luchaba contra el mal. Y todo ello tenía un fin moral y sagrado, espiritual. Eso ocurre en la lidia.

El picador es un ser complejo entre quijotesco y sanchopancista en el que se vierten, generalmente, las iras del público, como si a través de la vara la gente del tendido liberara sus deseos de venganza. Con ser bella como es, la suerte de varas representa el momento más sangriento de la corrida.

El varilarguero mide, con su vara, la bravura del toro, templa la violencia desatada de un vendaval furioso, reduce la fuerza destemplada que el animal lleva a la salida del toril.

Por tanto, los picadores le dan al festejo ese estilo bélico, el acento de guerra, de combate y, como los viejos caballeros, un estilo de amor y muerte que conducen hasta el sacrificio.

En la imaginería religiosa, el arcángel San Miguel, patrón de los caballeros, blande la espada y pisa, con la pezuña del caballo, la imagen del demonio. Es quien ve en el toro las fuerzas del mal. El picador, orondo personaje, combate como subalterno ese mal que el diestro remata.

La música: atracción de la muerte

Fálica resulta también la suerte de banderillas. En una Feria de la Magdalena, en Castellón, cuando «El Soro» se disponía a clavar un par de banderillas, observó, no sin cierta sorpresa, a una mujer que, desde el tendido, casi en éxtasis, le gritaba: «¡Clávemelas a mí!». Con su actitud, la mujer no buscaba otra cosa que una relación sexual, el deseo de ser poseída y penetrada por el diestro. Para el doctor Rosenstingel, este tercio representa «la lucha del sacerdote que se vestía de toro o tótem [...], que las banderillas abiertas simulan una cornamenta y téngase presente que los sacerdotes de algunas tribus africanas o asiáticas se visten de macho cabrío en las grandes ceremonias».

Clarines y timbales anuncian el inicio del festejo, mientras suena la música, que toca en los momentos álgidos de la faena del diestro; es un rito más de la función, un rito sonoro. La música forma parte importante del espectáculo y no puede faltar en la función; siempre suena en todos los ritos y liturgias; es imprescindible como el humo y el fuego en una ceremonia. Empezó a sonar en las funciones de toros como marchas militares, en tiempos en que la lidia tenía un elevado componente bélico. Y eleva el espíritu y la moral del combate.

La música, por otra parte, significa la atracción de la muerte, tan presente en el desarrollo del festejo taurino, pero habría que verla como una exaltación del héroe, con quien se exalta al mito, una elevación del ánimo, una participación más en la orgía de la fiesta. Espiritualiza, pues, la corrida.

Si se exceptúa el coso de Las Ventas —la música ha sonado en una sola ocasión con motivo de una faena de Luis Segura—, es costumbre que la banda amenice la función durante la faena del diestro, suene con prontitud y ante el más mínimo ruego de los espectadores.

Hay públicos, como el de Madrid, que prefieren, sin embargo, la participación oral en la faena del diestro, sentirla y acompañarla, como si se tratara de un coro en la tragedia que en sí representa. Y se inclinan por la melodía cadenciosa de los olés, en una comunicación más auténtica y sentida. Porque el torero es el único artista que es ovacionado en el momento mismo de la creación. Es un acto supremo, de soberanía y dominio sobre el toro, de conjunción perfecta hasta el punto de que el público de fútbol, por ejemplo, cuando su equipo está jugando bien y el balón pasa de uno a otro jugador, sin que lo toque el contrario, corea la acción con olés, símbolo de pleno dominio, proclamación del triunfo sobre el adversario.

La escuela de Pitágoras califica la música como una sintonía de los números y el cosmos, esa alegría de fusas y semifusas que vagan entre el cosmos y los números de los tendidos. La música, con su ritmo, forma parte del temple que el diestro imprime a la faena, la cadencia del pase, en un recinto numerado.

Los hermanos Girón eran muy partidarios de pedir música cuando toreaban. Eran festivos, coloristas, barrocos, poco profundos, y querían darles a sus faenas una amenidad distinta a los festejos, un tono alegre.

El olé es un lenguaje primitivo, surgido de la estructura del toreo, intimista, que nace de la vibración profunda de la faena. Ahora se está poniendo de moda el «¡bi-en!» en la ejecución de los pases con la muleta y este esnobismo resta sabor al tipismo oral y colectivo de la corrida.

El pasodoble marca los tiempos del arte en la faena del diestro, lo glorifica, proclama sus excelencias, exalta sus virtudes dentro de la ampulosidad que reviste todo el mundo del toro. Recuérdese la ampulosidad de «Marcial eres el más grande» y tantos otros pasodobles cuya composición enaltece los valores de los héroes de «las cinco en punto de la tarde». De hecho, a cada torero le gusta tener su pasodoble.

Bergamín habla de «la música callada del toreo», la sinfonía de un nuevo mundo, del cosmos circular de la plaza, una sinfonía que brota de lo más íntimo del diestro; es la música que interpreta el matador en el instante inspirado de la faena.

La espada: señal de poderío

El torero, en el último tercio de la corrida, realiza la faena con la muleta y la ayuda de la espada, instrumento éste que simboliza la señal de poderío, la agresividad espiritual, luz y relámpago, culminación del sacrificio; el diestro vive el momento cumbre del juego, la «suerte suprema», instante arduo en el que «a quien no hace la cruz —como ya hemos dicho— se lo lleva el diablo», en expresión de los taurinos.

Teófilo Gautier decía de la estocada que es el instante sublime que nos llena de angustia y de congoja y «vale tanto como un drama de Shakespeare»; «estocada en fin [que] revive —según el doctor Rosenstingel— el instante supremo de la muerte del animal sagrado».

La cultura del toro tiene relación en el uso del estoque con el mundo de los asura, por ejemplo, donde la espada representa el combate para conquistar la liberación de los deseos y el conocimiento. Es cuanto acontece en el ruedo durante el desarrollo de la corrida: subconscientemente eliminamos conflictos y asistimos a la sabiduría y consagración del héroe, que nos libera de los mismos. En un texto árabe se habla del doble filo de la espada como un dualismo sexual, lo que, trasladado al toreo, sería la visión teórica del torero como hombre y el toro como mujer. El encuentro final con el toro es el deseo satisfecho. Simbólicamente, el acero de la espada, según Evola, significa la dureza trascendente del principio espiritual dominador. Con la espada, el matador corona su gran tarea, la realización de su obra y, de esa estocada, depende el premio de la faena. Hasta no hace muchos años, una buena estocada valía una oreja.

El sueño de la puerta grande

La glorificación del torero pasa por la salida por la puerta grande. Ese final glorioso de la tarde, representa para el matador, de una parte, la invitación a atravesarla, el viaje hacia el más allá y, de otra, el arco del triunfo del héroe, el *desideratum* tras alcanzar la perfección en la faena, la coronación del torero, izado en hombros, que corresponde al grado de vida interior o a magnificar al héroe y reconocer, con la elevación, la superioridad del mismo, el reconocimiento de la tribu o, lo que es lo mismo, del público.

Abrir un diestro la puerta grande de una plaza es lo más preciado para él y los aficionados, su sueño, pues representa el estado triunfal. Cuando el diestro ha estado a punto de abrirla, y ha tenido la llave en su mano, le causa, sin duda, una frustración. David Luguillano, tras una gran faena en Madrid al toro de su confirmación, no podía disimularla: «No pude dormir pensando en lo que pudo ser y no fue: salir a hombros de Las Ventas». César Rincón conoce bien esa gloria durante varias tardes en la

Monumental madrileña. La última vez con una faena a un toro de Moura. «Sabía que podía ser de enfermería o de puerta grande. Desde entonces ya sé lo que es el cielo y me he quedado allí.» Esa salida es una sensación única. Así lo cree Rafael Camino: «Te pasas seis meses preparándote para cinco minutos de sueño conseguido».

La primera tarde que Manolo Sánchez salió en hombros por la puerta grande de Las Ventas, no pudo disimular las lágrimas que le caían, y lloró mucho; nunca había experimentado una situación similar. Además, el techo de la puerta grande de Las Ventas está tachonado de estrellas, signo de la altura y de la coronación celeste del héroe.

Salida en hombros, símbolo de majestad

El paseo del diestro sobre los hombros representa, además, un símbolo de majestad. Fuera del planeta de los toros, en una especie de traslación del héroe a otras situaciones, se ha elevado al mito de otros campos, muy circunstancialmente, en iguales formas triunfales a la de los toreros. Excepcionalmente, don Benito Pérez Galdós ha sido el único escritor llevado en hombros desde el teatro hasta su casa del barrio de Argüelles. Es más corriente en el mundo del fútbol: el seleccionador Vilallonga fue paseado en hombros por el estadio Bernabéu, tras la victoria de España sobre Rusia, cuando conquistó la Copa de Europa de Naciones.

Maestro

El matador, además, es el maestro. Dentro de ese lenguaje especial y exagerado como la plaza misma, el torero es, repito, el maestro, el que imparte la más compleja de las lecciones: dominar a una fiera y crear arte con ella. El subalterno le llamará maestro, como un rito, a lo largo de la lidia y fuera de la plaza. Antiguamente, ese ritual se llevaba con gran escrupulosidad y obediencia; hoy día ha perdido, al menos, el aura especial que tuvo. El maestro dirigía la lidia, colocaba a cada peón en su sitio, ordenaba, mandaba con la sabiduría de su propia tauromaquia. José María Manzanares se queja de la falta de valor de una palabra tan íntegra: «Últimamente está desvirtuada la palabra "maestro", porque hay compañeros que llaman "maestro" a cualquiera. Conseguir que a uno le llamen "maestro" es algo muy difícil de definir.»

El maestro es el reconocimiento de la sabiduría, una necesidad nacida de la transformación social del diestro, una elevación de la clase social, la aristocracia del hombre vestido de seda y oro.

La figura del toreo no es ya la de aquel muchacho desarrapado y marginado, andariego buscador de capeas, el chico que deja atrás un camino muy duro y que alcanza la gloria —ningún artista como el torero tiene acceso a un plano abstracto tan divino y sobrenatural—; de ahí que necesite ser llamado maestro, porque, además, en el toreo existe un componente social muy acusado: el mito taurino eleva el tono sociológico de la clase rural o marginada, es una elevación de la plebe, una representación en la aristocracia como en el caso de Domingo Ortega al contraer matrimonio con una condesa.

En muy pocas profesiones se utiliza una palabra tan hermosa como es la de maestro, si exceptuamos el mundo de la música, que, asimismo, ordena un mundo de carácter espiritual, que actúa en el plano de los sentimientos, lo mismo que el diestro busca la armonía con otras notas sobre la realidad del ruedo.

El torero tiene mucho de señorío y, a la par, de servidumbre. Necesita, como clase singular, el ayuda o mozo de estoques y el peón de confianza como adláteres del más grande de los burgueses. El «ayuda» o mozo de estoques es, por otra parte, el que entra en la intimidad del diestro. Representa en el ruedo, en ese altar de los sacrificios, al monaguillo o al sacristán de la ceremonia, el que más confidencialmente participa del rito iniciático de vestirse, el animador del diestro desde el callejón, el que tiene siempre una palabra de aliento para el matador.

El apoderado

El apoderado representa y ejerce una función muy elevada en el planeta de los toros; entre el torero y él se establece una relación especial, humana, de dependencia, en ocasiones, muy fuertes; existe entre ambos una conjunción de poderes o un complemento de ellos que el diestro ejerce en el ruedo y el otro fuera de él. El torero vive para el toro y para ejercer espiritualmente la magia sobre el ruedo; no puede, por tanto, caer en la materialidad económica de la corrida, en el aspecto crematístico. Con el sentido de pureza que tiene la fiesta de los toros, el diestro no debe ni puede distraerse fuera del ruedo; el apoderado ocupa ese lugar de «llevarle», «de encargarse de los asuntos taurinos»; es su ama de llaves, la que le abre puertas y contratos, y conduce al matador hacia la constelación de la gloria.

Camará era un apoderado misterioso, que ocultaba tras unas gafas negras su personalidad; era un torero frustrado que vería en «Manolete» la realización de sus propios fracasos en los ruedos. Tras el burladero oscuro de sus gafas, ejercía un poder omnímodo en la fiesta de los toros, el poder declinado del torero. «Manolete» y él llegaron a formar tal tándem, un dúo tan íntimo, que al «Califa» cordobés el único que le apretaba los machos, a la hora de vestirse, no era su mozo de espadas ni nadie, sino Camará. Era un deseo de «Manolete». En esa acción del rito, ambos reforzaban el afán de triunfo y de poder.

Cuando un torero deja a un apoderado o viceversa siempre se abre una sima en el ánimo del diestro, y se habla de que tal torero «rompe» con su apoderado, como una pareja que ha quebrantado una relación amorosa.

El padre de los «Dominguines» llevó y elevó en el transcurso de un año, a la categoría de figura del toreo, a Domingo Ortega. Fue una ascensión meteórica. Florentino Díaz Flores condujo, durante diecisiete años, los senderos taurinos de «El Viti». Sus pactos estaban sellados por la palabra y un apretón de manos ante el altar de un santuario. Torero frustrado como Camará, Florentino Díaz Flores es un personaje inteligente, hombre de rica y barroca personalidad, que ocultaba también como Camará tras las gafas. Florentino, además, llevaba siempre en la mano derecha una varita, símbolo de clarividencia y de potencia; como el bastón y el cetro, representación de su poder en la fiesta de los toros, que, sin duda alguna, tenía.

El apoderado cuida hasta el celo de la vida del torero. Allí está él en los momentos más duros y difíciles, sustituyendo el papel de la madre o la esposa. Florentino estaba junto a «El Viti» en la cogida de Ceret, cuando un novillo le rompió un brazo al diestro charro y, en una noche interminable y angustiosa, temieron que se lo amputaran. «En los catorce percances que tuvo Santiago a lo largo de su carrera —cuenta Florentino—, siempre estuve a su lado.» Camará permaneció toda la larga agonía junto a «Manolete», en Linares...

La relación apoderado-torero resulta, por tanto, distinta a la que el maestro tiene con la cuadrilla; esta «señorita de compañía», dicho sea con respeto, siempre viaja con el matador en un coche aparte, mientras la cuadrilla lo hace en otro.

Capítulo XIII
Madre no hay más que una

* Del luto de «Joselito» a la depresión de «Paquirri» * Nicanor Villalta, o la sublimación femenina * La madre del diestro, o un lugar en la penumbra y el sufrimiento * Doña Angustias: «Cuando toreaba mi hijo ["Manolete"], yo también toreaba con él» * A la conquista del torero

Para el torero —sobre todo para el no consagrado como figura—, la mujer es el toro; el maletilla, el novillero no piensa en otra cosa que no sea el toro. Su afición empieza y acaba en el toro, en la soledad de la habitación de hotel. Pero hay otra mujer, la de carne y hueso. Ésa representa, es, de algún modo, un enemigo: lo distrae, lo perturba, lo altera al matador y hasta el toro descubre si ha habido juego o no con la mujer, por eso el apoderado trata de alejar de la mente del diestro cualquier imagen con rasgos de mujer, lo que, por otra parte, no resta importancia al papel que la mujer juega en cuanto rodea a la corrida.

Existe, desde luego, una estrecha vigilancia sobre el diestro para que la mujer no se cruce en su peregrinaje por los ruedos. Manuel Benítez decía que, cuando era matador de toros, «éstos [los toros] siempre estaban reñidos con mi mujer». Y «Espartaco» llega a hablar de celos en los toros, él que ya milita en el estado de los casados.

Una tarde de la Feria de San Isidro, «El Viti» se vestía en un hotel del paseo de la Castellana. Asistíamos al rito su mozo de estoques, el apoderado y yo, bajo una luz de penumbra, la de unos rayos que difícilmente se colaban a través de la persiana. Cuando ya nos dirigíamos a la plaza, a la salida del ascensor, cerca de la puerta de la calle, se acercó su mujer y lo despidió con un beso.

Para los toros hay que vivir; exige ser mitad monje mitad soldado, hay que llevar, como decía Curro Romero, los toros en la cabeza, hacer del rito una religión, vivir lo que tiene de accesis y de mística.

La mujer puede estropear una carrera brillante o acarrear una cogida. La mujer madre, sin embargo, llega a ser primordial en la vida del diestro. «Espartaco», por ejemplo, antepone su madre a cualquier mujer. Al menos así lo manifestaba antes de casarse. «Paquirri», a raíz de la muerte de la suya, tuvo «una depresión muy grande, y hubo momentos en que quería morir». «Joselito» se encargó un traje azabache y negro para llevar luto por su madre, la señora Gabriela y, a su muerte, su aspecto parecía más melancólico y triste, más abatido. Si a Ponce se le pregunta por el nombre de una mujer, responde inmediatamente: «Mi madre, Enriqueta». Nicanor Villalta, sin embargo, llega a la sublimación de la mujer: «La única mujer que de verdad he amado y siempre me ha correspondido es mi Virgen del Pilar». Como buen maño, además.

Hay, pues, por parte del torero, una gran fijación a la madre, como si retornara a ella, representada en el subconsciente, como si buscara protección retornando al principio de la infancia. Porque la madre es «la fuente de todos los instintos [...] la totalidad de todos los arquetipos [...] el residuo de todo lo que los hombres han vivido desde los más lejanos comienzos, el lugar de la experiencia supraindividual».

La madre es, además, la creación por excelencia y consciente e inconscientemente sabe que el torero es creador, asimismo, de un mundo complejo y mágico. La madre, en ocasiones, ejerce un matriarcado, casi siempre sin poder, en cualquier dinastía taurina. Su papel se reduce al paréntesis del sufrimiento y la resignación, también al de la protección; ella ve al diestro como al niño que tuvo en su regazo, a la criatura a la que vio nacer, desvalido y frágil, frente a una fiera.

Psicoanalíticamente, el diestro en el ruedo, rodeado de una profunda soledad, retorna a la madre, vuelve a las entrañas de formas similares a las del ruedo.

Lo que manda en el mundo de los toros es el patriarcado. Sin embargo, con ser muy importante como es, juega otro papel más activo, más de mando, de compañía. El planeta de los toros es y pertenece a los hombres; es más bien de machos, mientras el papel de la mujer queda relegado a la función primaria de la casa; es, por tanto, un mundo machista.

Mientras el padre acude a la plaza para ver torear a su hijo —caso de Julio Aparicio, Camino, «Litri», «Espartaco»...—, el padre siempre encarna un papel de fuerza, de compañía, de ayuda, de virilidad; torea con él, aunque sea desde el callejón o «va» —como se dice en la jerga— en su misma cuadrilla.

La madre, sin embargo, aparece lejos de todo protagonismo, relegada a la intimidad del hogar, en la penumbra, resignada y ocupada en la oración. Representa, una vez más, al conocido como sexo débil frente a la virilidad del diestro, a su machismo. Su figura, en ocasiones, cobra una dimensión mayor, más de relieve, y surge como algo solemne y mitificado. Y se les distingue como «doñas», como si, con ese tratamiento, se les otorgara un premio a su callado y constante sufrimiento, a la alejada distancia de los triunfos o los fracasos del hijo. ¿Quién no recuerda, por ejemplo, a doña Angustias, la madre de «Manolete»?

Cuántas mujeres no lloraron, con ella, la tarde aciaga de Linares, y compartieron la misma angustia, la de una madre abatida por la pérdida de un hijo, enlutada para toda la vida, sin más recuerdo que el eco apagado de los aplausos.

En su casa cordobesa, mientras se abanicaba, doña Angustias confesaba, que «cuando toreaba mi hijo Manolo, yo también toreaba con él, aunque una estuviera en la casa y lejos de la plaza». Entre madre e hijo había una identificación, una simbiosis recíproca de sentimientos. Había tal empatía entre ambos «que cuando sonaba el teléfono del despacho de mi hijo, según sonaba, y antes de ponerme, ya sabía lo que iba a decirme».

También lloraron muchas madres españolas con la muerte de «Paquirri», huérfano de madre. Sí, las sufridas y lloradas madres de los toreros, la parte oscura de un resplandor, la penumbra del rutilante destello del mito. Si a la madre de «Manolete» se la conocía simplemente por doña Angustias, la de los Bienvenidas será conocida y llamada como doña Carmen, y la de Ortega Cano, mujer de origen humilde, como doña Juana; y la de Lucio Sandín, modelo de resignación, dada la desgraciada carrera de su hijo, como doña Pilar.

La madre de los Bienvenidas encarnaba el más puro papel de la abnegada madre hispana: les hacía las camisas a sus hijos y no iba a verles torear —ni al marido— y, para dar gracias y recogerse en oración, tenía capilla en casa. Con ese mismo fin de dar gracias, acudía, todos los años, a visitar a la Pilarica, una vez que finalizaba la temporada.

La madre de los Dominguines, doña Gracia, tampoco había visto torear a los suyos. En el matriarcado de esta dinastía había, además, un personaje singular: la abuela Pilar.

La madre del torero sufre en la lejanía del ruedo y del festejo en el que interviene su hijo. Con el inicio de la temporada, para ellas empieza un auténtico calvario. La mujer y madre de «Litri» sólo respira cuando oye la voz del niño que dice: «No nos ha tocado el toro, mamá». Antes, Conchita Espínola habrá acudido al santuario onubense de Cinta, a rezar y a pedir por el niño que se juega la vida en la plaza. Tiene la casa llena de imágenes y ha llorado mucho. Vivió como novia las andanzas de «Litri» padre, «pero es otra historia distinta. Un hijo es un hijo y la angustia y el dolor, muy diferente».

Hay, como vemos, una gran fijación (y protección) de la madre en el hijo.

Con la hora del inicio de la corrida, cada una la vive bajo el mismo signo de la angustia. Maleni Loreto, madre de Julito Aparicio, lo sabe muy bien. En verano se encierra en El Puerto, y aunque el sol sea deslumbrante en la calle, «tienes una tormenta por dentro. Te vienes abajo enseguida. ¡No sabes qué hacer!». También sufrió cuando era novia de Aparicio, «pero era otra cosa; un hijo es un hijo». Ella también quiere oír la voz del hijo, que nadie se la hurte, que no le engañen.

La madre de «Finito de Córdoba», sin embargo, ha tenido valor para verle torear en cinco ocasiones. «A veces, estoy más tranquila porque le veo. Sufro más cuando espero la llamada de teléfono. Su mozo de estoques —mi hijo—, no me engaña. Sé, cuando suena el teléfono, que es él quien me va a hablar; sé que es su voz la que me espera... ¡Tengo que darle tantas gracias a la Virgen de los Dolores!»

La madre de «Chamaco» se esconde en casa la tarde que torea su hijo, y no cesa de pronunciar las jaculatorias que rezara durante su infancia. No, ella nunca lo ha visto torear, ni tan siquiera mira los trajes de luces; «sólo quiero oír su voz, escucharle a él; para una madre, un hijo es como un niño». El teléfono es la gran esperanza, la respuesta a la inquietud de la tarde, sin embargo, la madre del biznieto del «Espartero», Delia Pol, odia ese aparato hasta la muerte. La madre de Pareja Obregón pasa las tardes de corrida rezando bien a la Virgen del Rocío, bien a la Inmaculada, «a la que tengo mucha fe y que es mi Virgen de chica, de cuando yo iba al colegio en Sevilla».

La madre de Pepe Luis Vázquez no coge el teléfono; es el padre quien lo hace, «y me va contando, pues yo no pregunto nada». Los hijos nacen para la gloria, las tardes de triunfo, mientras ellas miran absortas, incrédulas, angustiadas, la moneda trágica del ruedo. Recogen un extraño eco de olés y esperan a los mitos como el tesoro más preciado de su vida, como si esos niños nacieran de nuevo de sus entrañas y de las de la plaza, llegaran a casa como el día en que salieron de su vientre.

Tampoco la madre de «Espartaco» va a verle torear. «Me da pena que no me vea —confiesa el torero—, porque la madre vive los momentos desagradables. Está allí cuando te traen del quirófano, pero nunca a la hora del triunfo.» Hay, pues, en esa simbiosis un solapado estado de frustración entre madre e hijo y viceversa, un vacío inmenso donde sólo la angustia y la soledad tienen un sitio.

Inconscientemente, el torero —por el sacrificio que realiza— tiene un gran sentido de la pureza, y posee la candidez del niño, a pesar de la gran madurez. Llevan el niño hasta en la proliferación de apodos: «El Cordobés», por ejemplo, llegó a figurar en los carteles como «El Niño de Palma del Río». Madre e hijo están unidos por una gran soledad. La fijación del torero a ella es muy grande. «Mi madre —según Rafi Camino—, ha sido padre y madre a la vez. Para mí, al margen de amiga, es mi confidente y mi consejera.»

Las «otras» mujeres, o quiéreme niña que soy torero

El torero arrastra, sin embargo, a otras mujeres. Es el príncipe azul de la lucha y el combate, coronado de olés, y salida en hombros, jalonado de aplausos. A su andadura se aproximan las mujeres, muchas frustradas, otras deslumbradas —la mayoría— por el éxito; algunas buscan la fecundidad contagiada del toro, la prolongación del erotismo que desprende la corrida y caminan tras el más macho de los celtibéricos, el que hace el amor como ningún otro, el que lo hace con la herencia gozosa y placentera de la faena y la intensidad de quien olvida la muerte más presente en su función, transforma el miedo en placer. Peregrinación incansable de mujeres en busca de los mitos de las «cinco de la tarde».

Y aun siendo como es el torero un hombre dotado de valor y, por supuesto, adornado de virilidad —recordemos los versos de Villalón: «plaza de toros de Ronda / la de los toreros machos»—, sin embargo, esa figura representa, a veces, una falsa virilidad por cuanto lo que se hace y ejecuta ante el animal está impregnado de un sentido espiritual, sin que apenas cuente, como creemos, la fuerza. De hecho, en el diestro se dan connotaciones afeminadas: el traje, la expresión de su cuerpo —siempre componiendo la figura—, la mirada en el espejo... Un campo abonado por la propia figura del artista para que brote el narcisismo y, en ocasiones, florezcan tendencias homosexuales.

Para Brigitte Bardot, «El Cordobés» «es el hombre más macho de todos los ibéricos». Con un cargado bagaje de aventuras amorosas, «El Cordobés» es conquistado, como el mismo Don Juan, por una serie de mujeres. Marlene Dietrich llega a confesar que «es el hombre más *sexy* que he conocido y estaría dispuesta a todo por él». También Ava Gardner se prenda de él y lo sigue apasionadamente por las plazas; el mismo itinerario que hace la actriz con Mario Cabré y Luis Miguel Dominguín.

Algunas mujeres, que se acomodan en barrera, presumen intuir un *sexy* muy especial en el matador de toros y caminan tras ellos, ocultas o no en el anonimato, lejos de la rutilante belleza de las estrellas del celuloide. Son muchas las que siguen a sus ídolos, las que intentan llegar a sus habitaciones, a través del papel celestinesco del mozo de espadas. Roberto Domínguez, Rafi Camino y «Litri» gozan de un gran cartel entre las *fans.* «Yo no creo —decía Roberto Domínguez— que por el hecho de ser torero se sea más ligón. Es cierto que al vestir el traje de luces las mujeres te miran de otra manera, pero sería poco inteligente que se pensase que están viendo a la persona individualizada. Del torero gusta la carga agridulce de la atracción del riesgo, las indudables reminiscencias femeninas de los movimientos o la silueta que pueda tener, pero nunca, en un primer acercamiento, la persona. Es cierto, no obstante, que ser torero te da unas facilidades para acercarte a más mujeres.» El torero de Valladolid distingue dos tipos de acercamiento de las mujeres hacia el diestro: «En el primero, las "admiradoras" son atraídas por el brillo de la fama, porque ¿qué clase de mujer puede meterse directamente en tu habitación? Ahí no creo que haya ningún impulso monetario, sino simplemente la atracción que pueda ejercer el vestido de torear, y también el morbo de comprobar si "existe" aquel sujeto que se ve en las plazas.

»Un segundo acercamiento, muy distinto, se produce en lugares diferentes al del "hall" de un hotel o a la barrera de una plaza de toros. Éste quizá sea producido por lo que puede intuirse como una brillante vida futura, en la que haya viajes, fincas, caballos y dinero.»

Antes de casarse, «Espartaco» confesaba que «las proposiciones directas surgen con frecuencia. Yo, normalmente, he tenido que decir que no por lo que me aguardaba al día siguiente: el público esperaba de mí algo para lo que yo debía salir a torear en perfecto estado».

A Rafi Camino se le acercan las chavalas de dieciocho a

veinte años, «a pedirme una foto o un autógrafo, o, simplemente a saludarme. No sé por qué, pero siempre se ha dicho, y así nos lo han contado los toreros más mayores, que enamorarse es malo, y sin embargo, al final, todos acaban casándose. Mi opinión es que cuando estás haciéndote un sitio en la profesión debes estar con los cinco sentidos puestos en el toro, pensando veinticinco horas diarias, como me aconseja mi padre, en mi profesión, y sin tener nada en la cabeza que me distraiga».

Para llegar donde quiere, «Joselito» tiene que sacrificarse. «Cuando tenga que llegar una mujer, ya llegará. Pero una, no trescientas.» «Litri» hijo opina que la imagen del torero como Don Juan ha pasado ya de moda. «La mujer es un tema tabú, porque al estar jugándote la vida no puedes perder la mentalización en ningún momento. En otra profesión si te distraes puede no pasar nada, pero aquí lo que está en juego es tu vida, y no vale andar con juegos.»

Últimamente, Jesulín de Ubrique atrae a las jovenzuelas, le siguen despiadadamente, interrumpen sus vueltas al ruedo y le abrazan como si expresaran una nueva forma de relación afectiva y social, otro objeto de deseo.

Cuando llegaba la temporada, un diestro como Luis Miguel se olvidaba de la mujer para centrarse en el toro, hasta el punto de que, en cierta ocasión, estuvo a punto de sufrir un accidente porque no dejaba de darle vueltas a la corrida una vez finalizada ésta.

Tras el torero, además, existe un historia de romance y sexo generalmente con actrices o mujeres vinculadas al mundo de la farándula: Pastora Imperio y Rafael «El Gallo»; «La Goya» y «Bombita»; la actriz Moragas y Gaona; «La Argentinita» y Sánchez Mejías; Pastora Peña y Pepe Bienvenida; Lupe Sino y «Manolete»; Concha Piquer y Antonio Márquez; su hija Conchita y Curro Romero; Lucía Bosé y Luis Miguel Dominguín; «La Pantoja» y

«Paquirri»... El sueño de la mujer española —me atrevería a decir— ha estado, casi siempre, en casarse con un torero, que es, en cierta manera, una conquista de la gloria.

Antiguamente, y hasta hace relativamente poco tiempo, no era frecuente, sino todo lo contrario, la presencia de la mujer en las plazas de toros. La corrida era un espectáculo esencialmente para hombres. Últimamente, con una sociedad muy abierta, a la que la mujer se ha incorporado activamente, resulta muy habitual verla, no sólo en los tendidos, sino también en los burladeros del callejón. Ella pone un acento más de belleza en el abigarrado ambiente colorista de la plaza: el encanto, el sabor erótico del festejo. La corrida no se concibe sin la presencia de la mujer, donde gusta aún más y resulta hasta más atractiva. Con razón afirma Nietzsche que «la mujer se destina a recreo y descanso del guerrero». Si en nuestros días hay un guerrero en un espectáculo, ése no es otro que el torero.

El Lagar de Melecio.
Villanueva de la Sierra (Cáceres).
16 de junio de 1994,
festividad de Santa Julita y San Quirico.

Bibliografía

ABAD OJUEL, Antonio, *Estirpe y tauromaquia de Antonio Ordóñez,* Madrid, 1987.

ALAMEDA, Pepe, *El toreo. Arte católico y disposición a la muerte,* México.

ALCALDE, Paco, *Desde abajo,* Madrid, 1981.

ALCÁZAR DE VELASCO, Ángel, *Marcial Lalanda ha dicho...,* Madrid, 1967.

ÁLVAREZ DE MIRANDA, A., *Ritos y juegos del toro,* Madrid, 1962.

Aplausos. Revista taurina (1982-1992), Valencia.

ARAUZ DE ROBLES, Santiago, *Pepe Luis. Meditaciones sobre una biografía,* Madrid, 1988.

ARÉVALO, J. C., y DEL MORAL, J. A., *Nacido para morir,* Madrid, 1985.

—*La tauromaquia de José María Manzanares,* Madrid, 1987.

ARNOLD VAN GENNED, *Los ritos de paso,* Madrid, 1986.

ARROYO, Manuel, *Imagen de la muerte,* 1989.

BATAILLE, Georges, *Teoría de la religión,* Madrid, 1975.

BENNASSAR, Bartolomé, *Los españoles,* Barcelona, 1975.

BERGAMÍN, Jose, *La claridad del toreo,* Madrid, 1987.

CAILLOIS, Roger, *Los juegos y los hombres (La máscara y el vértigo),* México, 1986.

CARO BAROJA, Julio, *El estío festivo,* Madrid, 1986.

CIRLOT, Juan-Eduardo, *Diccionario de símbolos,* Barcelona, 1988.

CLARAMUNT, Fernando, *Historia ilustrada de la tauromaquia,* 2 vols.: I. *De la Prehistoria a los toreros del 98.* II. *De la Edad de Oro a nuestros días,* Madrid, 1989.

CÓRDOBA, José Luis de, *Manolete en el recuerdo,* Córdoba, 1982.

CORROCHANO, Gregorio, *Tauromaquia.* Obra Completa, Madrid, 1989.

COSSÍO, José María de, *Los toros, Tratado técnico e histórico,* tomos 1, 2, 3, 4, 5, 6, 7, 8, 9 y 11, Madrid, 1943-1988.

CHAVES NOGALES, Manuel, *Juan Belmonte, matador de toros,* Madrid, 1969.

CHEVALIER, Jean, y GHEERBRANT, Alain , *Diccionario de los símbolos,* Barcelona, 1988.

DÍAZ-CAÑABATE, Antonio, *La fábula de Domingo Ortega,* Madrid, 1950.

—*Historia de tres temporadas (1958-1959-1960),* dos tomos, Madrid, 1961.

DÍAZ FLORES, Florentino, *Mis memorias,* 1983.

DOMECQ Y DÍEZ, Álvaro, *El toro bravo,* Madrid, 1986.

DURKHEIM, Emile, *Las formas elementales de la vida religiosa,* Buenos Aires, 1968.

ECHEVARRÍA, Javier, *Sobre el juego,* Madrid, 1980.

ELIADE, Mircea, *Imágenes y símbolos,* Madrid, 1987.

FIERRO, Alfredo, *Sobre la religión,* Madrid, 1979.

FRAZER, J. G., *La rama dorada,* Madrid, 1989.

GARCÍA, José Julio, *La Monumental de Las Ventas y su circunstancia (1931-1981),* Madrid, 1984.

GARCÍA RAMOS, Antonio, y NARBONA, Francisco, *Ignacio Sánchez Mejías, dentro y fuera del ruedo,* Madrid, 1988.

GIL CALVO, Enrique, *Función de toros,* Madrid, 1989.

—*Estado de fiesta,* Madrid, 1991.

GÓMEZ LÓPEZ-EGEA, Rafael, *Antonio Bienvenida,* Madrid, 1990.
GÓMEZ NAZABAL, José Ramón, *Estética y plástica del toreo,* Madrid, 1989.
GÓMEZ-SANTOS, Marino, *Mi ruedo ibérico. De Vicente Pastor a Curro Romero,* Madrid, 1991.
GONZÁLEZ LUCAS, José (Pepe Dominguín), *Mi gente,* Madrid, 1979.
GONZÁLEZ TROYANO, Alberto, *El torero, héroe literario,* Madrid, 1988.
HEERS, Jacques, *Carnavales y fiestas de locos,* Barcelona, 1988.
HEMINGWAY, Ernest, *Muerte en la tarde,* Barcelona, 1967.
JALÓN, César, «Clarito». *Memorias,* Madrid, 1972.
LEVI-STRAUSS, Claude, *El pensamiento salvaje,* París, 1962.
LÓPEZ DEL RAMO, Joaquín, *Por las rutas del toro. Geografía europea del lidia,* Madrid, 1991.
LÓPEZ PINILLOS, J., *Lo que confiesan los toreros,* Madrid, 1967.
LORCA, Antonio, *Pepe Luis Vargas: La fuerza de una pasión,* Sevilla, 1987.
LUJÁN, Néstor, *Historia del toreo,* 2.ª ed., Barcelona, 1967.
MONTERO ALONSO, José, *El amor y la muerte en el toreo,* Madrid, 1989.
ORTEGA, Rafael, *El toreo puro,* Valencia, 1986.
ORTEGA, Rafael (Gallito), *Galleando,* Madrid, 1986.
—*Mi paso por el toreo,* Madrid, 1979.
PASTOR, Vicente, *Mis memorias,* Madrid, 1980.
PORTAL, F., *El simbolismo de los colores,* Barcelona, 1989.
POSADA, Juan Belmonte, *El sueño de Joselito,* Madrid, 1992.
RELLA, Franco, *Imágenes del pensamiento,* Madrid, 1989.
RODRÍGUEZ ANTIGÜEDAD, Alfredo, *Arruza,* Madrid, 1992.
ROUX, Jean-Paul, *La sangre (Mitos, símbolos y realidades),* Madrid, 1990.
SÁNCHEZ ORTIZ, Rafael (Pipo), *Así fue... El Pipo, Manolete, El Cordobés,* 1981.
SANTAINÉS, Antonio, *Domingo Ortega, 80 años de vida y toros,* Madrid, 1986.
SAVATER, Fernando «Caracterización del espectador taurino», en varios autores: *Arte y Tauromaquia,* Madrid, 1983.

—*La tarea del héroe*, Madrid, 1982.
SCHULTZ, Uwe, *La fiesta*, Madrid, 1991.
SUREDA MOLINA, Guillermo, Paco *Camino en blanco y negro*, Palma de Mallorca, 1969.
—*Taurología.* Revista cultural taurina, núms. 1 al 6, Madrid, 1991.
TIERNO GALVÁN, Enrique, *Los toros, acontecimiento nacional*, Madrid, 1989.
—*Toresma.* Revista taurina, núm. 1 (abril de 1990); núm. 19 (febrero de 1992).
—*Toros 16.* Suplemento taurino de *Diario 16.*
TURNER, Víctor, *El proceso ritual*, Madrid, 1988.
VAN GENNEP, Arnold, *Los ritos de paso*, Madrid, 1986.
VARIOS AUTORES, *Arte y Tauromaquia*, Madrid, 1983.
VERDÚ, Vicente, *El fútbol: mitos, ritos y símbolos*, Madrid, 1980.
VEYNE, Paul, *Le pain et le cirque*, París, 1976.
ZUMBIEHL, François, *El torero y su sombra*, Madrid, 1987.

Índice